経済成長がすべてか?

デモクラシーが人文学を必要とする理由

経済成長がすべてか？

デモクラシーが人文学を必要とする理由

マーサ・C・ヌスバウム
小沢自然／小野正嗣［訳］

岩波書店

NOT FOR PROFIT
Why Democracy Needs the Humanities
by Martha C. Nussbaum

First published 2010 by Princeton University Press, Princeton.
This Japanese edition published 2013
by Iwanami Shoten, Publishers, Tokyo
by arrangement with Princeton University Press, Princeton
through the English Agency (Japan) Ltd., Tokyo

歴史が新たな段階に到達し、道徳的な人間、人格的に完成した人間は、商業的な人間、限られた目的しか持たない人間に、ほとんどそれと気づかぬうちにますます場所を譲り渡しつつある。

科学における驚異的な進歩に助けられて、このプロセスの規模と力は巨大化している。道徳のバランスは乱れ、魂を欠いた組織の影の下で人間の人間らしさが見えなくなっている。

——ロビンドロナト・タゴール『ナショナリズム』一九一七年

＊

達成というものが、一台のきちんと設計された機械のほうが一人の人間よりもうまくこなせる類いの事柄を意味するようになってしまい、教育の主要な効果が、つまり豊かな意味を持つ生活を達成することが、なおざりにされてしまっている。

——ジョン・デューイ『民主主義と教育』一九一五年

ロイス・ゴートマン、マルト・メルシオール、マリオン・スターンズ、
そしてボールドウィン校で私を教えてくれたすべての教師たちに

序文

ルース・オブライアン

デモクラシーの歴史において、人文学と芸術は中心的な役割を果たしているが、今日では多くの親が、子どもたちが文学や芸術を学ぶのを恥ずかしいことだと感じている。文学と哲学は世界を変えてきたのに、世界中の親たちは、自分の子どもが十分な人文学的教育を受けていないことよりも、経済的な能力を欠いていることを気に病んでいる。シカゴ大学のラボラトリー・スクール——哲学者ジョン・デューイの画期的な民主的教育改革の諸実験が行なわれたところ——にあってさえ、経済的に成功するための教育をわが子が十分に受けていないのではないかと懸念している親は多いのである。

『経済成長がすべてか？』において、ヌスバウムは「静かな危機」に目を向けるよう我々を促している。諸国家は「国益を追求する」あまり、「［デモクラシーの存続に必要な］技能を放棄して」いるというのだ。芸術と人文学が至るところで削減されているがゆえに、デモクラシーにまさに必要不可欠な諸価値が深刻な損害をこうむっているのである。偉大な思想家や国家創建者たちは、独立した行動に必要な、そして盲目的な伝統と権威の力に知的に抵抗するために必要な批判的思考を、いかにして芸術と人文学が子どもに教えてくれるか理解していた。芸術と文学を学ぶ学生はまた、他者の置かれた状況を想像することを身につける。これはデモクラシーの繁栄に不可欠な能力であり、我々が必要とする「内なる眼」を涵養することなのである。

『経済成長がすべてか?』において、ヌスバウムが西洋および非西洋の哲学と教育理論に関するその広範な知識を駆使するさまは、とりわけ見事である。ロビンドロナト・タゴール(インドのノーベル文学賞受賞者で、実験的な学校と大学の創始者)、ジョン・デューイのみならず、ジャン゠ジャック・ルソー、ドナルド・ウィニコット、ラルフ・エリソンにも依拠しつつ、ヌスバウムは教育の「人間開発モデル」を創出し、こうしたものこそデモクラシーとグローバルな視野を持った市民の形成には不可欠なのだと論じている。

人文学と芸術は、遊ぶ子どもの発達から大学生の成長にまで寄与している。ヌスバウムによれば、小さな子どもの遊びでさえ、完全に統制《コントロール》することなく他者とうまくやっていく方法を教えてくれる点で教育的なのである。遊びによって、「弱さと驚きの体験が、不安にではなく、好奇心と思いやりをめぐらせること」につながる。そしてこうした経験は、賢明な人文学のカリキュラムによって広げられ深化されるのである。

ヌスバウムはさらにこう述べている。「思いやりの欠如は、嫌悪感と恥の有害な力学と結びつきかねません。[……]恥辱感は人間の無力さに対するほぼ普遍的な反応なのです」。「お互いの欲求と相互依存」よりも「完全な統制の神話」を教え込む社会は、この力学を拡大させるだけである。我々はルソーのように考えるべきだとヌスバウムは示唆している。ルソーはまさに、彼のエミールは普通の人々の苦境をわがことのように感じられるようにならなければならないと理解していた。エミールはさまざまな種類の弱さというレンズを通して世界を眺め、豊かな想像力を養わなければならないのである。そしてそのときはじめて、本当の意味で他者を自分と平等で現実の存在として見るようになる。そのときはじめて、相互依存の意味を理解し、デモクラシーとグローバルな市民精神の両方が要請するように、他者と同じく平等な存在になれるのである。共感を欠く市民だらけのデモクラシーは、必ずやさらなる疎外と差別を生み出し、問題を解決するよりは悪化させてしまうだろう。

『経済成長がすべてか?』においてヌスバウムは、教育とは何よりも経済成長のための道具だという考え方に切り込んでいる。経済成長は必ずしもより質の高い生活を生むわけではない、とヌスバウムは論じる。芸術と人文学が軽んじられ見下されることによって、我々全員の生活の質、そして我々のデモクラシーの健全さが危機にさらされているのである。

『経済成長がすべてか?』は、この「公共の広場」シリーズ〔1〕にとりわけふさわしいものである。この本は、デモクラシーを危うくする教育モデルを、デモクラシーを推進する教育モデルに取り替えるプランを提示し、読者に行動を呼びかけるものとなっている。そして国家の繁栄は言うまでもなく、市民精神のまさに根幹にあるのは人文学と芸術であるという、一見直感に反するようでいて説得力のある議論を構築している。人文学と芸術を軽視することで我々は自らを危険にさらしているのだ。

〔1〕『経済成長がすべてか?』は、プリンストン大学出版局の「The Public Square 公共の広場」というシリーズの一冊として刊行された。

他者と上手に遊ぶすべを知ることの重要性を――そしてどのようにして私たち自身の力で思考すればよいのかを――教えてくれる、この間口が広く射程の長い著作を手に、ヌスバウムは「公共の広場」に加わってくれたのである。

謝　辞

長年にわたって一般教養教育について考え、書いてきたこともあって、私が感謝すべき人々のごく一部しかここに記すことはできません。拙著『人間性を涵養する』の結論部分を議論してくれた多くの学校や大学は、全米カレッジ・大学協会──その会員および幹事たちは、発想と洞察をもたしてくれるかけがえのない源泉となってくれました──と同じく、この謝辞のリストの最初に置かれなければなりません。高等教育に関するLEAP報告書[1]の作成に加わるよう私に声をかけ、草案として私が提出したアイデアのいくつかに寛大に応答してくれた、同協会会長のキャロル・シュナイダーに感謝します。スペンサー基金のマイク・マックファーソンもまた、洞察の素晴らしい源となってくれました。私が同基金の滞在研究員として過ごした一年は、本書の主題に関して──この主題とは異なるプロジェクトに取り組んでいたとはいえ──実に多くのことを学ぶ機会となりました。現在も続いている、マサチューセッツ州ウェストンのケンブリッジ校──私の娘の母校です──との関係からは、私が本書で擁護しているタイプの教育の将来について楽観的な展望を得ています。批判的思考と芸術を重視する教育を、そうした試みが時流に反しているにもかかわらず行なっている、ジェイン・モール

〔1〕　第1章注(1)を参照のこと。

ディング校長、そして教員および理事たちはみな賞賛されてしかるべきです。それとはまったく形は違いますが、学際的な批判的思考が力強く息づく例外的な知的共同体であるシカゴ大学ロースクールの同僚たちからは、日々励ましと刺激を受けています。

あるひとつの主題について長年にわたって取り組むことの素敵な点のひとつは、自分が高く評価している若い人々が影響力のある地位に就くのを見届けられることです。『人間性を涵養する』のなかで、世界市民のための教育について論じる際、教員の研修旅行と学際的教育法を含む「文化交流研究」という画期的で素晴らしいプログラムの先駆者である、セント・ローレンス大学の若い哲学教授について言及しました。昨年の春、そのグラント・コーンウェルがオハイオ州のウースター大学の学長となり、私はその就任式で、本書で述べたアイデアに基づく講演を行なう特権を享受しました。

私はとりわけ、ペンシルヴァニア州のブリンマーのボールドウィン校で幼い頃に受けた教育から着想を得ています。利益と成功を重視する周囲のコミュニティから、利益よりも批判的思考やアイデアや想像力が重視される空間のなかに入っていけるのが、毎日嬉しくてたまりませんでした。この学校の教師たちに対して深い感謝の念を感ぜずにはいられません。なかでも三人の教師にこの本を捧げたいと思います。生徒の意欲をかき立て、感情を探求することに優れた演劇の教師であったロイス・ゴートマンに。この人のおかげで、ごく普通の少女であった私たちは、自分でも持っているとは知らなかった能力を表現するすべを学んだのでした。マルト・メルシオールに。小柄で気性の激しいフランス語の教師であった彼女は、歴史、文学、芸術を含む多分野的な視点からフランスについて学ぶすべを私たちに教え、私と私の親友が、フランス語演劇クラブを作るのを手伝ってくれました。このクラブでは私たちはフランス語で戯曲を書くことすらあり、私の戯曲はロベスピエールの生涯についての悲劇でした(十年ほど前の同窓会で、彼女は当時九十歳を超えていましたが、相変わらず勝ち気なまで、挨拶がわりにこう私に言ってきたのです。「ほら、マーサ、わたしはまだジャコバン派なのよ」)。そして、英語の詩と散文の素晴らしい教師であったマリオン・スターンズに。いかに読み、いかに書くかを教えてくれた彼女は、書いたもののなかにある偽りや自己中心的なものを取り除くように言っては——十代の少女たちにはきわめて難しいことでした——私たちを怖じ気づかせていたものでした。

インドでは、タゴールの学校の根拠地であるシャンティニケトンで教える、あるいはそこを卒業した友人たち全員から、とりわけ故アミタ・センとアマルティア・センから教示を受けました。そのほかにもインドの教育についての対話の相手となってくれたグルチャラン・ダース、ムシルール・ハサン、ゾヤ・ハサン、プラティク・カンジラール、クリシュナ・クマール、アンタラ・デヴ・センに感謝しています。

本書の初期の草稿あるいはその一部を読んでコメントをくれた、アンドリュー・コップルマン、モリー・ストーン、マダヴィ・サンダー、そして素晴らしい担当編集者であるロブ・テンピオに感謝します。

目次

装丁＝桂川　潤

＊本文中の〔　〕は訳注を、（　）は原注を示す。

第 1 章

静かな危機

教育とは、思考が魂の外に出ていき、外部の事物との関係が自己に反映され、その結果事物の現実と形が意識されるプロセスのことである。

――ブロンソン・オルコット、マサチューセッツの教育者、一八五〇年頃の言葉

＊

［物質的な所有物を］使う際には、そうしたものの暴虐からわが身を守る必要がある。もしも人が弱くて、外皮に合わせてわが身を縮める場合、それは魂の収縮による緩慢な自殺の過程を辿るのである。

――ロビンドロナト・タゴール、インドの教育者、一九一七年頃の言葉〔1〕

私たちは世界全体に深刻な影響を及ぼしている巨大な危機のただなかにあります。二〇〇八年に始まった世界的な経済危機のことを言っているのではありません。少なくともあの当時、危機が間近に迫っていることは周知の事実であり、世界の多くの指導者たちは迅速に、そして必死に解決策を見出そうとしました。実際、解決策を見つけられなかった場合の結果は深刻で、多くの国で政府が倒れました。しかし私の念頭にあるのは、いわば癌のようにほとんど気づかれないまま進行している危機なのです。長い目で見れば、民主的自治の将来にもっと甚大なダメージを与えるであろう危機。つまり世界規模の教育危機です。

民主的な社会が若者に教えている内容に根本的な変化が生じているのですが、この変化についてはまだ十分に考察されていないのです。国益を追求するあまり、諸国家とその教育システムは、デモクラシーの存続に必要な技能《スキル》を無頓着に放棄しています。こうした傾向が続けば、そのうち世界中の国々で、自らものを考え、伝統を批判し、他人の苦悩と達成の意味を理解できる成熟した市民ではな

〔1〕この一節は、一九一六年に来日したタゴールが東京帝国大学で行なった講演「日本へ寄せるインドのメッセージ」と、慶應義塾大学で行なった講演「日本の精神」をもとにして書かれた「日本のナショナリズム」のなかに読める。タゴール、蠟山芳郎訳「ナショナリズム」『タゴール著作集第八巻人生論・社会論集』第三文明社、一九八一年、三六七頁。

く、有用な機械のような世代が生み出されることになるでしょう。デモクラシーの将来が世界的に危ぶまれているのです。

では、根本的な変化とはどのようなものなのでしょうか？　実質的に世界のすべての国々で、人文学《ヒューマニティーズ》と芸術が、初等・中等教育および大学などの高等教育において切り捨てられつつあります。グローバル市場での競争力を維持するために各国があらゆる無駄の切り捨てを余儀なくされる時代、人文学と芸術は政策決定者からは無用の長物と見なされ、カリキュラムにおいてのみならず、親や子どもたちの心においても、従来の地位を急速に失いつつあります。実際、収益をもたらす有用で高度に実用的な技能の養成によって短期的な利益の追求を国家が優先する状況のなかでは、自然科学と社会科学の人文学的側面とでも呼べるようなもの――想像力や創造性に関わる側面、厳密な批判的思考に関わる側面――も場所を失いつつあるのです。

危機が迫っているのに、私たちのほうはまだそれを直視していません。すべてはこれまでどおりに動いているかのように私たちは振る舞っていますが、現実には、至るところで重点の置きどころに大きな変化が生じているのは明白です。私たちはこうした変化についてあまり真剣に考えていないのです。この変化は私たち自身が選択したものではありませんが、私たちの未来をますます狭めているのです。

意図的に異なる国の異なる教育段階から選んできた、次の五つの例を見てください。

• 二〇〇六年秋、ブッシュ政権の教育省長官マーガレット・スペリングスのもと、合衆国教育省の

「高等教育の将来」委員会は、国内の高等教育についての現状報告「リーダーシップの試練——合衆国高等教育の将来計画」を発表しました。(1) この報告書には、高等教育を受ける機会の不均等に関する貴重な批判が含まれています。しかし、こと教えるべき内容に関しては、もっぱら国の経済的利益のための教育に的を絞っています。科学、技術、工学に見られる問題点を憂慮しつつも、当該分野での基礎研究ではなく、短期間で収益を上げる戦略を可能にするきわめて実用的な教育にのみ関心が向けられています。人文学と芸術、批判的思考は基本的に無視されているのです。そうやって報告書は、こうした能力が、より実用的な学問のために衰退することになってもまったく問題ないと強く示唆しているわけです。

● 二〇〇四年三月、さまざまな国の学者たちが、ロビンドロナト・タゴール——一九一三年にノーベル文学賞を受賞し、教育改革の先駆者でもありました——の教育哲学を論じるために集まりました。ヨーロッパ、日本、合衆国で広汎な影響を与えたタゴールの実験的教育において重視されたのは、ソクラテス的議論の実践や世界の多様な文化との接触を通して、そしてとりわけカリキュラムの随所に音楽、美術、演劇、ダンスを組み入れることで、生徒の能力を高めることでした。今日のイン

(1) *A Test of Leadership: Charting the Future of U.S. Higher Education* はネットで閲覧できる。これと対照的な意義深い報告書として、*College Learning for the New Global Century*(Washington, DC, 2007)がある。これは National Leadership Council for Liberal Education and America's Promise(LEAP)という、全米カレッジ・大学協会によって組織された一グループが発刊したものだが、この報告書の提言に多くの点で私は賛同している(草稿作成に私自身も参加したので当然と言えば当然だが)。

ドではタゴールの考え方は無視され、見下されてさえいます。会議の参加者全員が認めていたように、利益を重視する新しい考え方が支配的になってしまったのです。それとともに、想像的で批判的な自己開発という考え方自体——タゴールはこの考えに基づき、インドのデモクラシーの繁栄を担うことになった数多くの市民を養成しました——がますます脇に追いやられつつあります。このように、いまその魂を攻撃されているインドのデモクラシーは存続しうるのか？　官僚主義的な鈍感さと無批判な集団的思考を如実に示す昨今の出来事を前に、その答えは「ノー」となるのではないかと参加者の多くが危惧していました。

・二〇〇五年十一月、教師を対象とする研修会がシカゴのラボラトリー・スクールで開催されました。私の大学のキャンパス内にあるこの学校で、ジョン・デューイは民主的な教育改革の画期的な試みを行ないました。バラク・オバマ大統領の娘たちも人格形成の初期をここで過ごしています。集まった教師たちは民主的な市民精神のための教育という主題について議論しました。西洋の伝統におけるソクラテスからデューイに至る重要な人物たち、そしてそれと密接に関係するインドのタゴールの考え方について学びながら、さまざまな教育的実験について広く考察したのです。しかし、明らかに何かがうまく行っていないのです。教師たちは——問いを発し、批判し、想像するよう子どもたちに刺激を与えることに誇りを持っていますが——子どもをこのエリート校に通わせている裕福な保護者からの圧力に対して不安を表明していました。余分だと見なされる技能など必要ない、経済的成功をもたらしそうな、テストによって証明できる技能をできるだけ多く子どもたちに身につけさせたいと焦るあまり、保護者たちは学校の指導方針を変えさせようとしているのです。そして保護者たちはいまにも成功しそうな勢いなのです。

• 二〇〇五年の秋、アメリカでも屈指の名門大学が新しく教育学部長を選ぶことになったのですが、その人事委員会の責任者に助言を求められました。その大学をかりにX大学と呼んでおきますが、このX大学の教育学部は全米の教師と学校に多大な影響力を及ぼしてきました。私は民主的な市民精神のための教育における人文学と芸術の役割について話しはじめました。誰もが知っている当然のことを言っているつもりでしたが、相手の女性はびっくりしていました。「変わったお話ですね」と彼女は言うのです。「これまでいろんな話を伺ってきたなかでこうしたことに少しでも触れた人は一人もいませんでしたから。X大学がどうすれば世界の科学・技術教育に貢献できるかといった話ばかりで、実際のところ、うちの学長の本当の関心はそこなんですよ。でも、あなたのおっしゃったことはきわめて興味深いし、私としてはよく考えてみたいと思います」

• 二〇〇六年の冬、別の有名大学——Y大学としておきましょう——が、大きな記念シンポジウムを開催しました。その中心テーマとして、教養教育の将来が議論されることになっていました。ところが、このシンポジウムの数カ月前になってパネルの参加予定者たちは、テーマが変更になったので学部レベルで少人数の聴衆を相手に好きなことを話してくれるだけでよいと言われました。親切で話し好きの下級事務官によれば、この変更の理由は、Y大学の学長が教養教育についてのシンポジウムでは「話題性」に欠けると思ったからなのです。それで学長は、最新テクノロジーと、それがビジネスと産業にもたらす利益というテーマに変更することにしたというのです。

似たような話はいくらでもありますし、合衆国で、ヨーロッパで、インドで、そして間違いなく世界の他の地域でも、日々新しいものが付け加わっています。自分を守り、喜ばせ、楽にしてくれる物を私たちは所有しようとします――それをタゴールは物質的な「外皮」と呼びました。しかし、私たちは魂のことを忘れつつあるように見えます。思考が魂の外に出て、豊かで、繊細で、複雑に人間を世界に結びつけるとはどのようなことなのか、単なる便利な道具や自分の計画の障害としてではなく、魂を持つ存在として他者に接するとはどういうことなのか、魂を持つ人間として、やはり自分と同じように深みと複雑さを抱えた存在に話しかけるとはどういうことなのかが忘れられつつあるようなのです。

「魂」という語は多くの人にとって宗教的なニュアンスを持ちますが、そのニュアンスを強調するつもりも否定するつもりもありません。それは各人の自由です。とはいえ、タゴールとオルコットの二人がこの語に持たせている意味は強調しておきたいと思います。つまり魂とは、私たちを人間的にする、そして私たちの関係を単に利用したり操ったりするのではなく豊かで人間的なものにしてくれる、思考と想像力の諸能力のことなのです。私たちが社会で出会うとき、自己と他者をそのように見ることができなければ、互いの内側にある思考と感情の能力を想像できなければ、デモクラシーは確実に挫折します。デモクラシーは敬意と関心の上に成り立っていますが、敬意と関心は、相手を単なる対象としてではなく人間存在として見ることのできる能力の上に成り立つものだからです。

現在のような危機の時代にあっては特に、各国が経済成長の追求に必死で、教育の方向性が、そしてそれと合わせて世界における民主的な社会の方向性が論じられることはほとんどありません。グローバル市場での収益に血道を上げるあまり、そして、とりわけ宗教的・経済的な不安が高まっているいまのような時代にあっては、デモクラシーにとって大切な諸価値を見失う危険に私たちは直面しています。

多くの指導者たちが、利潤の追求という動機から、国の健全な将来のためには科学と技術がきわめて重要だと考えるようになっています。良質の科学的・技術的教育に異議を差し挟むつもりはありません。国家はこれをよりよいものにしていく努力を放棄すべきだなどと言うつもりもまったくありません。私が懸念しているのは、科学や技術と同じくらい重要な他の諸能力――デモクラシーの内的な健全性のために不可欠であり、同時に、きわめて切迫した世界の諸問題に建設的に対処しうる良質な世界文化の創出のために不可欠な諸能力――が、競争による混乱のなかで見失われそうになっていることなのです。

そうした能力は、人文学および芸術と密接に結びついています。批判的に思考する能力。ローカルな執着を乗り越えて、「世界市民」として世界の諸問題に取り組む能力。そして他人の苦境を共感をもって想像する能力のことです。(2)

(2) 私がこうした能力について最初に論じたのは、*Citizens of the World: A Classical Defense of Reform in Liberal Education* (Cambridge, MA: Harvard University Press, 1997) である。この本の関心は、合衆国の高等教育の発展、それも高等教育で必修とされている「一般教育」にのみ向けられている。

これから、先に挙げた例が示唆する二つの教育、つまり利潤獲得のための教育と、より包括的な市民精神のための教育を対比させながら、議論を進めたいと思います。さまざまな段階やレベルの例を挙げながら、人文学と芸術が初等・中等教育および大学教育においてどれほど不可欠であるかを示したいと思います。もちろん、自然科学と社会科学、とりわけ経済学が、市民教育に不可欠であることを否定するつもりは毛頭ありません。だいたい、これらの学問をどうでもよいなどと言う人がどこにいるでしょう。そこで私としては、貴重であり、同時に大きな危険にさらされているものに焦点を当てたいのです。

しかも、自然科学や社会科学は理想的に実践される際には、人文学の精神と呼べるようなもの——鋭い批判的精神、大胆な想像力、多種多様な人間の経験に対する共感的理解、そして私たちが生きる世界の複雑さの理解——に裏打ちされています。昨今の科学教育が、批判的思考、論理的分析、想像力といった能力の習得を重視しているのはもっともなのです。適切に遂行される科学は人文学の敵ではなく友となるのです。良質の科学教育は本書の扱うところではありませんが、この主題についての同種の研究は、人文学の重要性を説く私の主張を補ってくれる貴重なものとなるはずです(3)。

私が嘆かわしいと感じている傾向は世界中に見られますが、本書では、私自身がよく知っているまったく異なる二つの国に焦点を当てたいと思います。その二つの国とは、私が暮らし教鞭を取っている合衆国と、私自身のグローバルな育成に関わる仕事が——多くは教育を重視するものですが——進められているインドです。あの偉大なタゴールの理論と実践に示されているように、インドには人文学および芸術教育の輝かしい伝統があります。民主国家の礎を築き、ヨーロッパと合衆国の民主教育に大いに影響を及ぼしたタゴールの素晴らしい考え方を本書のなかで紹介していくつもりです。そして同時に、農村部で現在行なわれている、大人の女性や少女のための識字率向上プロジェクトにおける教育の役割についても話したいと思います。そこでは、芸術を通じて能力開発を推進することが依然として重視されており、この種の能力開発がデモクラシーにもたらす結果が如実に表われているからです。

合衆国に関しては、各種学校におけるソクラテス的自己探求の活用から、公立学校のカリキュラムの欠陥を補うために芸術団体が果たしている役割に至るまで、さまざまな類いの教育的な試みについて論じようと思います(第六章で取り上げるシカゴ児童合唱団の特筆すべき逸話は、その詳細なケーススタディとなるでしょう)。

教育は学校でのみ行なわれるものではありません。私が取り上げる特徴のほとんどは、生まれてから最初の数年のあいだに、そして子どもが成長する過程において、家庭においても培われる必要があります。包括的な公共政策によって、本書が提起する諸問題に取り組む際には、子どもの能力を発展させるために家庭をどのように支援するかが議論されなくてはなりません。子どもを取り巻く仲間集団の文化や、社会規範や政治制度といったより大きな文化は、学校や家庭でなされる仕事を支えるこ

（3） 基礎的な科学教育におけるこうした要素に焦点を当てた貴重なプロジェクトとして、Project Kaleidoscope. www. pkal.org がある。

ともあれば台無しにすることもあるわけで、やはり重要な役割を果たしています。とはいえ、学校や大学をここで重視するのは間違っていません。なぜなら、経済成長の圧力によるカリキュラムや教育法や予算配分の変化が示しているように、まさに学校制度において、きわめて危険な変化が生じているからです。私たちが扱っているのは、どのように市民が発展していくかという話のほんの一部分だけなのだと意識さえしていれば、学校制度だけを対象にしても問題ないはずです。

教育は単に市民精神のためだけに行なわれるのではありません。それは雇用を得るための、そしてこれは重要なことですが、意味ある人生を送るための準備をさせてくれるものなのです。そうした目的を追求するうえで芸術と人文学が果たしている役割については、まるまる一冊本を書くこともできるでしょう(4)。しかし、現代のあらゆる民主的な社会においては、人間の生の意味と究極の目的について、異なる宗教観と世界観を持つ多くの市民のあいだで意見が分かれるのが当然です。そして、各種の人文教育がいったいどの程度まで各人の目的達成に役立つかについても、当然ながら市民のあいだで意見が分かれるのです。一方、誰もが同意できるのは、幸運にも民主的な国に暮らす世界中の若者はみな、人々が重要な問題について自ら知り、そうした問題に取り組む政治に、投票者として、ときには選挙や指名によって選ばれた行政者として参加すべきだということです。また、現代のあらゆる民主的な社会には、宗教、エスニシティ、富、階級、身体障害、ジェンダー、セクシュアリティを含む多くの要因によって大きく異なる人々がおり、有権者の誰もが自分とは違う人々の生活に大きく影響する選択を行なっています。教育計画を評価するひとつの方法は、右記の特徴を持つ社会的・政治的組織のなかで生きる準備をどれだけ若者にさせているかを問うことです。しかるべき教育を受けた市民からのサポートがなければ、デモクラシーは安定しません。

批判的思考と省察の能力を培うことは、デモクラシーを存続させ、活発にしておくために不可欠だと私は論じるつもりです。グローバル経済や、多くの国や集団の相互交流の歴史を理解したうえで、文化、集団、ネイションを幅広い視野から考察する能力があってはじめて、民主的な社会は、私たちが目下直面している諸問題に、相互に依存しあう世界のメンバーとして責任を持って取り組むことができるのです。そして、どんな近代社会にも含まれる多数の差異を超えて、しかるべき諸制度を維持しようと望むならば、他者の経験を想像する能力――ほとんどすべての人間が何らかの形で持っている能力――を、おおいに高め磨かなければなりません。

あらゆる近代の民主的な社会は、国家的関心から、強い経済と繁栄する商業文化を必要としています。右に述べたような最初の論点を発展させながら、同時に私は、この経済的な関心もまた、注意深く責任のあるリーダーシップと創造的革新の文化を発展させるために、人文科学と芸術を必要とすることを示そうとも思います。私たちは、利潤のための教育形態とよき市民精神のための教育形態のどちらか一方を選択するよう強いられているのではありません。繁栄する経済のために必要なのは、市

(4) 教育と豊かな生活については、Harry Brighouse, *On Education* (New York: Routledge, 2006)、the LEAP report（注1）を参照のこと。自己の成長についての関連する議論は、Kwame Anthony Appiah, *The Ethics of Identity* (Princeton: Princeton University Press, 2005) に見られる。

民精神を支えているのと同じ諸技能なのです。ですから、私が「利益のための教育」とか（もっと包括的に）「経済成長のための教育」とでも呼んでみたいものの支持者たちは、その目標の達成に必要とされるものについて実に貧しい考えしか持ち合わせていないわけです。とはいえ、こうした議論は、民主的な諸制度の安定に関する議論に付随するものであるべきです。強い経済は人間的な目的を達成する手段にすぎず、それ自体は目的ではないからです。繁栄はしているものの民主的ではなくなった国に住みたいと思う人はあまりいないでしょう。さらに言えば、強力な商業文化は、想像力と批判的精神に富んだ人を明らかにいくらかは必要としますが、すべての国民にそのような技能を身につけるよう求めるかどうかは定かではないのです。しかしデモクラシーへの参加には、もっと大きなことが要求されます。そして私の主たる議論はそのような要求を支持するものです。

いかなる教育システムであっても、豊かなエリート層にしか利益をもたらさないとしたらよいものではありません。良質な教育を受ける機会の分配は、どんな近代の民主的な社会においても火急の課題です。スペリングス委員会報告は、こうした問題に焦点を当てている点で賞賛されるべきです。豊かな国でありながら、良質の初等・中等教育の機会、そしてとりわけ大学教育の機会の分配がこれほど不平等であることは、長年にわたって合衆国の汚点となっています。多くの発展途上国においては、教育機会の格差はもっと大きくなります。たとえばインドでは、男性の識字率は約六十五パーセントしかありませんが、これが女性となると五十パーセントくらいになってしまうのです。都市部と農村部の格差はさらに大きくなります。中等および高等教育になると、男性と女性、富裕層と貧困層、都市部と農村部とのあいだに、さらに著しい格差が生じています。自分が大学に行き、さらに大学院にまで進むことになると知りながら育った子どもの生活と、多くの場合学校に行く機会すらまったくない子どもの生活は全然違うものです。この点に関しては、多くの国々で数多くの優れた研究がなされてきました。とはいえ、それは本書の主題でありません。

本書は、私たちが是が非でも獲得すべき事柄についての本です。それがどんなものなのかはっきり把握しておかなければ、必要としている人々にそれをどうやって届けるのかを思い描くのは難しいでしょう。

第 2 章

利益のための教育，
デモクラシーのための教育

われら合衆国人民は、より完全な結合を形成し、正義を樹立し、国内の静穏を確保し、共同体の防衛に備え、一般的福祉を促進し、われらとわれらの子孫に自由の恵沢を確保する目的をもって、アメリカ合衆国のため、ここにこの憲法を制定し確立する。

——アメリカ合衆国憲法、前文、一七八七年

＊

われらインド国民は、［インドを主権を有する社会的・政教分離主義的・民主主義共和国となし、］すべての公民に、社会的・経済的及び政治的正義、思想、表現、信条、信仰及び崇拝の自由、地位及び機会の平等を確保し、かつ、すべての公民に、個人の尊厳と国民国家の統一及び統合をもたらす友愛を促進することを厳粛に決意し、一九四九年一一月二六日憲法制定議会において、この憲法を採択し、制定し、かつ、われら国民自身に付与する。

——インド憲法、前文、一九四九年〔1〕

＊

教育は、人格の完全な発展並びに人権及び基本的自由の尊重の強化を目的としなければならない。教育は、すべての国又は人種的もしくは宗教的集団の相互間の理解、寛容及び友好関係を増進［し、かつ平和のため、国際連合の活動を促進］するものでなければならない。

——世界人権宣言、一九四八年

民主的な市民精神のための教育について考えるためには、民主的国家とは何なのか、そしてそうした国が何を追求しているのかについて考えなくてはなりません。では、国にとって進歩するとはどういうことでしょうか？　一人当たりの国民総生産を増大させることだ、という見方があります。国家の成功のこのような測定方法が、もう何十年ものあいだ世界中の開発経済学者によって標準的に用いられてきました。まるでそれこそが、国の全般的な生活の質をきちんと表現してくれるものであるかのように。

このような開発モデルによれば、国家の目標とは経済成長にほかなりません。分配や社会的平等は考慮する必要はないし、安定したデモクラシーの前提条件について考慮する必要はない、人種やジェンダー間の関係の質について考慮する必要はないし、人間らしい生活のうちで、経済成長にうまく結びつかないような要素の改善など考慮する必要はない（これまでなされた実証的研究によれば、政治的自由、健康、教育はどれも、成長にはほとんど関係していません）、というわけです。[1] アパルトヘイト時代の南アフリカが開発指標の上位を占めていたという事実から、このモデルに欠けているものが何なのかよくわかります。かつての南アフリカは富に恵まれており、古い開発モデルはこうした成

〔1〕 孝忠延夫、浅野宣之『インドの憲法——二十一世紀「国民国家」の将来像』関西大学出版部、二〇〇六年、五九頁。なお、ヌスバウムの原テキストでは、次の世界人権宣言からの引用と同様、〔　〕内の部分が省略されている。

功（あるいは幸運）に高得点を与えましたが、信じがたいほどの分配の不平等、暴力的なアパルトヘイト体制、それに伴う健康および教育上の欠陥は無視したのです。

このような開発モデルは、開発について真剣に考えている多くの人々にいまでは否定されていますが、依然として多くの政策決定、とりわけ合衆国の影響のもとでなされる政策決定においては支配的であり続けています。世界銀行は、ジェームズ・ウォルフェンソン総裁の時代に、開発についてより豊かな考え方を認めることで、いくつかの賞賛すべき成果を達成したものの、それ以降は退行しています。国際通貨基金に至っては、ウォルフェンソン時代に世界銀行が経験したような進歩を遂げたことは一度としてありません。多くの国々、そして国家内の多くの州が、こうした開発モデルを追求し続けています。今日のインドは、示唆するところの多い実験場の様相を呈しています。いくつかの州（グジャラート、アンドラ・プラデシュ）では、外国資本による経済成長が追求されていますが、健康や教育、農村部の貧困はほとんど無視されています。その一方で、他の州（ケララ、デリー、そしてある程度は西ベンガル）では、より平等主義的な戦略にしたがって、誰にも健康と教育が行き渡り、誰もが恩恵を得るようなやり方でインフラが整備され、投資を貧困層の雇用の創出に結びつけようと試みられています。

古いモデルの支持者はよく次のように言いたがります。経済成長の追求は、私がいま述べたような他の善――健康、教育、社会的および経済的不平等の軽減――をおのずからもたらすのだと。しかし、そうしたさまざまな試みの結果を検証してみると、古いモデルは主張しているような効用を実際にはもたらしていないことがいまではわかっています。たとえば、健康および教育分野における達成と経済成長とのあいだには相関関係がほとんどないのです。(2) 中国の驚嘆すべき成功を見ればわかるように、政治的自由は成長に比例しません。したがって、経済成長が実現されたからといって、デモクラシーが生まれるわけではありません。健全な生活を送る機会があらゆる社会階層に約束されているような、健康的で、教育を受け、責任感のある人間集団が生み出されるわけでもないのです。しかし、最近でも依然として経済成長は万人受けするものであり、むしろ傾向としては、私が「古いパラダイム」と呼んでいるもののほうが、社会が市民のために達成すべき事柄についてのより複雑な考え方よりも、ますます支持を集めているのです。

最近、こうした有害な傾向が、本書が取り上げる二つの国において挑戦を受けました。アメリカ合衆国の選挙民は、オバマ政権を選択することで、より平等な医療を目指し、機会均等の問題全般によ

(1) このことは、ジャン・ドレーズ(Jean Drèze)とアマルティア・セン(Amartya Sen)の *India: Development and Participation*(New York and Oxford: Oxford University Press, 2002)──この本はそれ以前の版では、*India: Social Development and Economic Opportunity*(New York and Oxford: Oxford University Press, 1996)というタイトルになっている──が特に明瞭に示している。データは、異なる政策を採用したインドの異なる諸州──健康と教育を直接支援することなく経済成長路線を取った州もあれば、健康と教育の支援(インド憲法によれば州の管轄である)のために州政府が直接動いたところもある──の研究から取られたものである。現地調査は、Drèze and Sen, editors, *Indian Development: Selected Regional Perspectives*(Delhi, New York, and Oxford: Oxford University Press, 1997)に集められている。

(2) Drèze and Sen, *India: Development and Participation* を参照のこと。

り大きな関心を寄せる集団を選んだのです。驚くべきことに、インドではこの五月〔二〇〇九年〕の選挙で、穏健な経済改革と併せて農村の貧困問題への強い取り組みを約束した国民会議派が実質的な過半数を獲得しました。(3) とはいえ、どちらの国においても、人間開発という考え方をしっかり視野に入れたうえで、政策が十分に再考されるまでには至っていません。したがってこれらの国が本当に、分配によって調整される成長指向パラダイムに対立するものとして人間開発パラダイムを取り入れているのかどうかは定かではありません。

しかし両国には成文化された憲法があり、大きな経済利益を達成するためであっても奪うことのできない一群の基本的権利が、憲法によって多数派の恣意から保護されています。両国ともに一連の政治的・市民的権利を保護し、人種、ジェンダー、属する宗教集団にかかわらず、すべての市民に等しく法による保護を保障しています。インド憲法におけるそうした権利のリストは、合衆国のものよりも長く、そこには無料の初等・中等義務教育と、絶望的な状況から解放される(人間的尊厳にふさわしい生活を送る)権利も含まれています。(4) 合衆国憲法は教育権を保障していませんが、数多くの州憲法はそうしていますし、多くの州は他の社会福祉についての条項も付加しています。総合的に見れば、合衆国とインドの両国は、経済成長の最大化こそ国として進むべき正しき道である、という考え方を拒絶していると結論づけてよいでしょう。ですから教育に関心を寄せている両国の要人たちが、あたかも教育の唯一の目的が経済成長であるかのように振る舞い続けているのはなおさらおかしな話です。

国の発展に関する古いパラダイムにおいては、経済成長と同一視された国家発展を推進する教育の必要性を誰もが口にします。そのような教育が、高等教育に焦点を当てた、最近の米国教育省スペリングス委員会報告においても概説されています。ヨーロッパの多くの国々においてはこうした教育が実施されており、技術系の大学および学部には高得点が与えられ、人文学のための予算はますます容赦なく削減されています。そのような教育が、現在インドでも教育をめぐる議論の中心的論点となっています。グローバル市場で少しでもシェアを拡大しようとしているほとんどの発展途上国においても事情は同じです。

合衆国は、成長だけを目的とする教育モデルを取ったことは一度もありません。私たちのシステムのいまや伝統となったいくつかの特徴は、よい意味でそうしたモデルとは相容れないものなのです。世界のほとんどすべての国と違って、私たちの大学は一般教養《リベラル・アーツ》教育モデルを取っています。学生はただひとつの科目を学ぶために大学に入学するのではなく、最初の二年間は、とりわけ人文学の講義を含む、広範囲に渡る講義を受けることを要求されます。この大学教育モデルは中等教育にも影響を与えています。誰であれあまりに早期から、科学的なものであれ職業的なものであれ、非人文学的な課程に組み込まれることはありません。人文学を重点的に学ぶ子どもが、早い段階から自然科学との接

(3) インド憲法によれば、健康と教育は州が管轄する仕事であるため、中央政府はこれらの分野の進展については間接的にしか影響を及ぼせない。

(4) インド憲法の第二一条が語っているのは、「生命及び自由」だけであるが、この「生命」は、「人間的尊厳にふさわしい生活」を意味するものとずっと解釈されてきた。しかし、南アフリカ憲法はさらに先を行き、基本的な幸福権を憲法によって保障している。

触をすっかり失ってしまうこともありません。また、教養を重視することは、エリート主義や階級差別の残滓でもありません。非常に早い時期からアメリカ合衆国の指導的教育者たちは、知識を備え、独立心を保ち、共感の心を持つ市民を形成するのは教養だと考えてきました。一般教養教育モデルはなおも比較的健在ですが、経済的困難の続く昨今、厳しいプレッシャーにさらされています。

経済成長追求モデルに吸収されることを頑なに拒む合衆国の教育的伝統には、子どもが探求と問いかけに能動的に参加することを重視するという特徴もあります。この学習モデルは、十八世紀のジャン＝ジャック・ルソーから二十世紀のジョン・デューイにまで及ぶ、教育理論についての西洋の長い哲学的伝統に連なっているものですが、そこにはドイツのフリードリッヒ・フレーベル、スイスのヨハン・ペスタロッチ、合衆国のブロンソン・オルコット、そしてイタリアのマリア・モンテッソーリといった傑出した教育者たちも含まれています。彼らの思想については第四章でさらに論じるつもりです。この伝統によれば、教育とはただ単に事実と文化的伝統を受動的に吸収することではなく、知性を刺激して、この複雑な世界のなかで能動的に、適切に、そして思慮深く批判的に立ち働かせることなのです。この教育モデルによって取って代わられた、より古い教育モデルにおいては、子どもたちは一日中じっと机の前に座って、与えられた素材をただ丸呑みし、意味のわからぬまままくり返していたのでした。能動的な学習という考え方――ここにはソクラテスにまで遡る、批判的思考と議論の広範な重視がふつう含まれています――はアメリカの初等教育、そしてある程度は中等教育に深い影響を与えてきました。標準テストでよい成績を取れるような学生を作り出せという学校への圧力は強まる一方だとはいえ、この影響はまだまだ途絶えてはいません。

あとで論じるつもりでいるこれらの教育理論についてここで触れるのは、これまでのところ――これまでのところ、ですが――合衆国では経済成長のための教育の純粋例を見つけられそうにないからなのですが、インドのほうはこうした教育により近づいています。批判的思考と共感的想像力という考え方に基づいて学校を作ろうとし、学際的な教養教育モデルに基づく大学を創設した偉大なタゴールの影響が広く及んでいるとはいえ、今日のインドの大学は、ヨーロッパの大学と同じように、教養教育モデルよりはむしろ単科モデルに基づいて構築されて久しいからです。タゴールが創ったヴィシュヴァ・バーラティ(「全世界」を意味します)大学は、政府によって引き継がれましたが、いまこの大学は、市場での影響を主として目指す他の単科モデル大学と同じようになっています。同様に、タゴールの学校が初等および中等教育の目標を規定していたのはずっと昔の話になってしまいました。ソクラテス的能動学習と芸術を通してなされる探求は、全国標準テストのための詰め込み教育の犠牲になったのです。タゴール(そして私が言及したヨーロッパおよびアメリカの教育者たち)が強い拒絶を示した学習モデル――生徒は受動的に机につき、教師と教科書は無批判に吸収すべき素材を提示する――、まさにそのモデルがインドの公立学校に広く見られる現実なのです。他の目標を顧慮せず追求される、経済成長のための教育がどのようなものか想像しようとすれば、インドのふつうの学校で提供されている教育がかなりそれに近いでしょう。

とはいえ、私たちの狙いは世界中に影響を与えているモデルを理解することなのであって、特定の国の特定の学校システムを描写することではないのですから、抽象的な問いを立てるにとどめましょう。

古い開発モデルはどのような教育を示唆しているのでしょうか？　経済成長のための教育は、読み書きや計算、その他の基本的技能を必要とします。それはまた、コンピュータ科学やテクノロジーについてのより専門化された技能を有する人々もいくらか必要とします。しかし、機会の均等はさほど重視されません。近頃インドの多くの州で見られるように、農村部の人々が依然として読み書きできず、基本的なコンピュータ環境もないような状態に置かれていても、国家はとても順調に成長しうるものだからです。グジャラートやアンドラ・プラデシュのような州では、外国の投資家にとってこれらの州を魅力的なものにする技術エリート層を養成する教育のおかげで、一人当たりの国民総生産が増大しました。しかしこのような成長の結果、農村の貧困層の健康や福祉が改善されるには至っていません。経済成長がこうした人々に適切な教育を与えることを必要としていると考える根拠もないのです。これはつねに、一人当たりの国民総生産に基づく開発パラダイムにつきまとうもっとも根本的な問題です。このモデルは分配というものを無視しており、危機的な不平等を抱えた国家や州に高得点を与えかねないのです。そしてこのことがまさに教育に当てはまるのです。情報経済の性質を考えればわかるように、国家は技術とビジネスの分野で有能なエリートを輩出しているかぎりは、教育の分配などあまり顧慮せずとも国民総生産を増大させられるからです。

しかし合衆国は伝統的に、少なくとも理論上は、経済成長パラダイムとは異なる道を歩んできたのです。合衆国の公教育の伝統では，機会とアクセスの平等という考え方は，現実にしっかりと根づいたことはないとはいえ，つねに国家的目標だったのであり，スペリングス報告の執筆者たちのように成長をなにより重視する政治家にさえ擁護されてきたのでした。

大多数が基礎的技能を，そして少数がより専門化した技能を獲得してしまえば，経済成長のための教育は，歴史と経済事象についてはきわめて初歩的な知識しか必要としません。しかもそのような初歩的な知識は，基礎教育を受けたのち，比較的少数のエリートになるかもしれない人々に向けたものだというわけです。しかし，歴史的・経済的な物語《ナラティヴ》が，階級，人種，ジェンダーに関しての，外国の投資が農村部の貧困層にとって本当によいことなのかどうかに関しての，生活の基本部分において大きな機会の不平等が生じているときにデモクラシーが存続しうるかどうかに関しての，真剣な批判的思考に行き着くことのないよう注意が払われなければならないのです。つまり批判的思考は，経済成長のための教育にとってはそれほど大事ではないのです。実際，高度に洗練された技術力に，従順さおよび集団的思考を結びつけてきたことでよく知られるインド西部のグジャラート州のような，この目標を容赦なく追求してきた諸州では重要ではありませんでした。求められているものが，外国からの投資と技術的な発展を目指すエリート層の計画を実行する，技術的訓練を受けた従順な労働者集団である場合には，学生が自由な知性を持つことは危険だからです。したがって批判的思考はむしろ妨げられるでしょう――グジャラートの公立学校でずっとそうされているように。

歴史を学ぶことが不可欠かもしれないと私は言いました。しかし，経済成長のための教育を行なう者たちは、階級、カースト、ジェンダー、エスニシティと宗教上の帰属に関する不正義に焦点を当てる歴史学を望まないでしょう。それは現在についての批判的思考を誘発しかねないからです。そうした教育者たちは、ナショナリズムの勃興や、ナショナリスティックな理想がもたらす弊害や、道徳的想像力が専門的な技能の支配によってどれほど容易に麻痺させられてしまうかを真剣に考えようとは思わないのでしょう――こうした主題については、ロビンドロナト・タゴールが、第一次世界大戦中に行なった講演を集めた『ナショナリズム』のなかで悲観的な口調で痛烈に論じています。ノーベル賞作家としてタゴールを誰もが知っているにもかかわらず、この講演集は今日のインドでは忘れられています。(5) ですから提示される歴史像とは、国家的野心、とりわけ富への野心を大いなる善として描くものとなるでしょう。そしてそれは、貧困や世界に対する説明責任《アカウンタビリティ》といった問題を軽視するものとなるでしょう。またしても、この手の教育の実際例は簡単に見つけられます。

歴史に対するこのようなアプローチの顕著な例は、やはり経済成長に基盤を置く発展計画を果敢に追求している、インドのヒンドゥー・ナショナリスト政党ＢＪＰ（インド人民党）の作った教科書に見出されます。その教科書では（二〇〇四年にＢＪＰが権力を失って以降、幸運にも撤回されていますが）批判的思考はまったくないがしろにされ、これを働かせるための素材すら与えられていませんでした。インドの歴史は物質的・文化的勝利の物語として無批判に提示され、すべての混乱は外部の者と内部の「外国的要素」によって引き起こされたというのです。扱われる素材の内容からしても、思慮深い問いかけを排し暗記と反芻を促す教育法（たとえば、各章の末尾に載せられた質問）が推奨されていたことからしても、インドの過去の不正義を批判することは実質的に不可能になっていました。生徒に求められたのは、カースト、ジェンダー、宗教上の不平等は一切無視し、非の打ちどころのない善行の物語を丸暗記することでした。

今日の開発に関わる問題に関しても、経済成長が何よりも重要であると強調され、それに比して、分配の平等性は軽視されていました。問題なのは、(たとえば、最貧困層がどのように暮らしているかではなく)「平均的な」人間の置かれた状況だと生徒たちは教えられてきました。そして自分自身を、固有の権利を持つ独立した人間というよりは、進歩を達成しつつある大きな集団の一部だと考えるように促されさえしていたのです。「社会の発展においては、一個人が得るどのような利益も、集合的なものとしてしか存在しない」というわけです[6]。こうした物議をかもすような規範(それによれば、国家がうまく行っていれば、かりにあなたが極貧で窮乏にひどく苦しんでいるのだとしても、必然的にあなたもうまく行っている、ということになるのです)が、受験を義務づけられた全国テストにおいて生徒たちが記憶し反芻しなくてはならない事実として提示されているのです。

経済成長のための教育は至るところでこのような性質を帯びがちです。成長の一方的な追求は分配

(5) Rabindranath Tagore, *Nationalism* (New York: Macmillan, 1917).〔タゴール、蠟山芳郎訳「ナショナリズム」『タゴール著作集第八巻　人生論・社会論集』第三文明社、一九八一年〕

(6) 参考文献と引用を伴うより詳細な説明については、Nussbaum, *The Clash Within: Democracy, Religious Violence, and India's Future* (Cambridge, MA: Harvard University Press, 2007) の第八章を参照のこと。

や社会的不平等についての繊細な思考にはつながらないからです（かつての南アフリカがそうだったように、国家がとても順調に成長する一方で、不平等が驚くほどの割合に達しうるのです）。実際、貧困というものを数字ではなく人間の具体的経験として捉えれば、成長の追求はためらわれるでしょう。なぜなら外国資本の誘致は、農村部の貧しい住民にきわめて不利な政策を必要とすることが多いからです（たとえば、インドの多くの地域では、貧しい農業労働者が工場建設に必要な土地を所有していますが、かりに土地を政府に購入してもらったとしても、彼らが豊かになることはないでしょう――補償を受けたとしても、彼らの土地を奪った新しい産業で雇用されるための技能をたいていは持っていないからです(7)）。

民主的な教育者たちから評価されることの多い芸術と文学についてはどうでしょうか？　経済成長のための教育は何よりもまず、子どもの教育に含まれるそうした部分を軽視しています。個人あるいは国家の経済的進歩に結びつくようには見えないからです。そのために、いま世界中で、そしてあらゆるレベルで、技術教育のために芸術と人文学のプログラムが切り捨てられています。インドの親たちは、工科・経営大学に子どもが合格すると鼻高々なのですが、子どもが文学や哲学を勉強したり、絵や踊りや歌をやりたがったりしようものなら恥だと見なします。教養教育の長い伝統にもかかわらず、アメリカの親たちのあいだにもこの傾向は急速に広がっています。

しかし経済成長を重視する教育者は、芸術を無視するにとどまらず、芸術を恐れるのです。なぜなら、深く培われた思いやりの心は、鈍感さにとってはとりわけ危険な敵ですが、不平等を無視する経済発展計画を実行するには、道徳的な鈍感さが必要だからです。人間を操作すべきモノとして扱うのは、そのような見方しか学んだことがなければ、簡単なことです。タゴールが言ったように、攻撃的ナショナリズムは、道徳的良心を鈍磨させることを必要とするのです。つまり、個人というものを認めず、集団の名のもとに喋り、従順な官僚のように行動し世界を眺める人間を必要としているのです。芸術はこうした鈍感さの大敵であり、芸術家は(徹底的に脅されたり堕落したりしていない場合には)、たとえ根本的にはよいものであっても、いかなるイデオロギーにも奉仕しません――芸術家はつねに通常の限界を越えて、新しいやり方で世界を見るよう想像力に働きかけるものです。[8] ですから、経済成長を重視する教育者は、人文学と芸術を基礎教育に組み入れることに反対するでしょう。現在そうした攻撃は世界中で起こっています。

もっぱら経済成長だけを目指す教育モデルを、繁栄する民主的な社会のなかに見出すのが難しいのは、デモクラシーが個々人の尊重に基づくものだからです。成長モデルが重んじるのは集団全体だけです。とはいえ、いまや世界中の教育システムはますます成長モデルに近づきつつあり、このモデルがどれほどデモクラシーの目標にそぐわないかはあまり考慮されていません。

(7) Nussbaum, "Violence on the Left: Nandigram and the Communists of West Bengal," *Dissent*, Spring 2008, 27–33 を参照のこと。

(8) したがって、西ベンガルでは、技能訓練や仕事の機会を与えることなく農村労働者をその土地から追い出そうとする政府の政策に、最初に、そしてもっとも力強く抵抗したのが、芸術家のコミュニティだった。前掲論文を参照のこと。

私たちがいま作り上げようとしている国家や市民について、他にどのような考え方があるでしょうか？　国際的な開発の領域における、成長モデルに対する主要な代案は、私自身も関わってきたものですが、〈人間開発〉パラダイムとして知られているものです。このモデルによれば、大切なのは、生命、健康、身体の自由から、政治的自由、政治参加、教育に及ぶ重要な領域において、個々人が手にする機会や「能力」なのです。あらゆる個人は、法と制度によって遵守されなければならない不可侵の人間的尊厳を有していることをこの開発モデルは認めています。まともな国家は最低でも、市民がこうした分野やその他の分野で権利を有することを認めていますし、国民がそれぞれの領域で最低限以上の機会を得られるような政策を講じています。

〈人間開発〉モデルはデモクラシーを追求しています。自分の生活を統治する政策の選択に参与するのは、人間的尊厳に値する生活の重要な要素だからです。しかし、〈人間開発〉が重んじるタイプのデモクラシーは、多数派の恣意が人々から奪い取ることのできない基本的諸権利に強い役割を認めるものとなるでしょう――したがってそれは、政治的自由、言論、集会、信仰の自由、および教育と健康のような他の領域における基本的諸権利を強く保護することを支持するものとなるでしょう。こうしたモデルは、インドの憲法（そして南アフリカの憲法）が理想とするところとうまく合致します。合衆国は、健康と教育のような「社会的かつ経済的な」領域における諸権利を、少なくとも連邦レベルでは、憲法で保護したことは一度もありません。しかしアメリカ人もまた、そうした権利をすべての市民が獲得できることこそが、国家の成功の重要な指標だと強く感じています。ですから、〈人間開発〉

モデルは絵空事の理想ではありません。それはいつも完璧に実現されているわけではありませんが、世界の民主的国家のほとんどではないにせよ多くの国の憲法が追求しているものと密接に関連しているのです。

ある国が各人の「生命、自由、幸福の追求」の機会を促進することに専心する、人道的で、人間を大切にするこうしたタイプのデモクラシーを推進したいと思うなら、市民からどのような能力を引き出すことが必要になるでしょうか？　少なくとも次のようなものが重要だと思われます。

- 国に影響を及ぼす政治的諸問題について、伝統にも権威にも屈従することなく、よく考え、検証し、省察し、論じ、議論を闘わせる能力。
- かりに自分とは人種、宗教、ジェンダー、セクシュアリティが異なっていたとしても、他の市民を自分と同等の権利を持った人間と見なせる能力。つまり他の市民を、自分の利益のために操作すべき単なる道具ではなく目的として、敬意をもって見る能力。
- 他者の生活に関心を持ち、さまざまなタイプの政策が、さまざまなタイプの他の市民にとって、そして他国の人々にとってどのような意味を持つかを把握する能力。
- 人生が進んでいくなかで、この人生という物語に影響を与える複雑な諸問題を想像する能力。つまり、幼年期、思春期、家族関係、病気、死、その他諸々の事柄について、データを集計することによってではなく、人間の物語を幅広く理解することによって、しっかりと考える能力。

• 政治的指導者たちを批判的に、しかし彼らの手にある選択肢を詳細にかつ現実的に理解したうえで、判断する能力。

• 自分の属する集団にとってだけではなく、国全体にとっての善について考える能力。

• それと同時に、解決のためには国境を越えた知的な熟議が必要とされる多様な問題を抱えた、複雑な世界秩序の一部として、自国を見る能力。

これは素描に過ぎませんが、少なくとも私たちに必要なことを見極めるための出発点となってくれるはずです。

第3章

市民を教育する
——道徳的（および非道徳的）感情——

子どもが最初に抱く感情は自分への愛である。二番目に抱く感情は、最初のものから派生しているのだが、自分の近くに来る人々への愛である。というのも、子どもは弱い立場に置かれており、自分が受ける助けや世話を通じてしか他人を認識できないからだ。

——ジャン＝ジャック・ルソー、『エミール、あるいは教育について』第四巻、一七六二年〔1〕

＊

デモクラシーが成熟であり、成熟とは健康であり、健康が望ましいものであるならば、デモクラシーを育てるためにできることがないか考えてみたいものだ。

——ドナルド・ウィニコット、「デモクラシーという言葉の意味についての考察」一九五〇年教育とは人々のためのものです。教育についての計画を立てる前に、国家的および世界的に重要なさまざまな問題について十分に考えて選択することができる、責任ある民主的な市民に学生を育てあげるに際して、私たちが直面する問題について理解しておく必要があります。人間が生きていくうえで、平等な尊厳と法による平等な保護に基づく民主的な制度を維持するのがかくも難しく、さまざまなタイプのヒエラルヒー——あるいはもっと悪いことに、集団の暴力的な敵意に根ざす諸計画——に堕してしまうのがかくも容易なのは一体なぜなのでしょうか？　強力な集団を統制《コントロール》や支配に駆り立てるのはどのような力なのでしょうか？　多数派が少数派を軽蔑したり非難したりするのがこれほど普遍的なのはなぜなのでしょうか？　こうした力の正体が何であれ、ナショナルな、そしてグローバルな責任ある市民を育てるための真の教育は、究極的にはそれらに対抗しなくてはなりません。そして対抗するためには、デモクラシーがヒエラルヒーに打ち勝つことを後押しできる、あらゆる人間的資質を動員する必要があるのです。

ときに私たちアメリカ人は、悪とはたいがい私たちの外部にあるものだと聞かされます。私たちの善き国を脅かす「悪の枢軸」が修辞《レトリック》によって形成されたことを思い起こしましょう。善き民主的国

〔1〕　ルソー、今野一雄訳『エミール』全三冊、岩波文庫、一九六二年。

家が、世界の他地域の悪だとされる宗教や文化と対立する、巨大な「文明の衝突」を自分たちは戦っているのだと考えて人々は安心します。大衆文化は、「悪者」の死によって善き者の問題が解決するように描くことで、こうした世界観を助長しがちです。非西洋文化もこうした悪質な考え方と無縁ではありません。たとえばインドのヒンドゥー右翼はもう長いこと、純粋で善きヒンドゥー教と、一連の危険な「外国的要素」(これはムスリムとキリスト教徒のことを指しているのですが、両者ともヒンドゥー教徒と同様にインド亜大陸に固有の集団です)[1]との闘争の場としてインドを捉えています。その過程で彼らは大衆文化を動員しており、古典的な叙事詩をテレビ化して人気を博しています。そこでは「善き者」と「悪者」の複雑さはすべて除かれ、「悪者」を現在のムスリムの脅威と同一視することが助長されているのです。[2]

しかし、こうした純粋さの神話は誤解を招く悪質なものです。純粋な社会などありませんし、「文明の衝突」はあらゆる社会に内在するものです。どのような社会にも、お互いに対する敬意と互恵性に基づいて他者と共存していこうとする人々と、支配に安住しようとする人々がいるものです。どのようにすれば前者のような市民をより多く、後者のような市民をより少なくできるのかを理解しなければなりません。私たちの社会の内部は純粋だという誤った考え方は、外部の人々に対する攻撃性を生み出し、内部の人々に対する攻撃性を見えなくさせるだけなのです。

どのようにすれば敬意と民主的平等は達成されるのでしょうか？　なぜ人々は支配を求めたがるのでしょうか？　こうした問いに答えるためには、「文明の衝突」をより深いレベルで捉え、人間一人ひとりのなかにある、お互いに対する敬意と互恵性に抗う力を、そしてデモクラシーを強力に後押しする力を理解する必要があります。世界でもっとも独創的な民主政治の指導者の一人に数えられるマハトマ・ガンジーは、独立後の民主的インドを構想した中心人物の一人であったわけですが、自由と平等を求める政治的闘争はまず第一に、恐怖、欲望、自己中心的な攻撃性に思いやりと敬意で対抗する、一人ひとりのなかの闘争でなくてはならないということを知悉していました。彼は心理的なバランスと政治的なバランスのつながりをくり返し強調し、欲望や攻撃性や自己中心的な不安は、自由で民主的な国家の建設を妨げる力であると説いたのです。

内なる文明の衝突は、現代社会で起こっている包括性《インクルーシブネス》と平等をめぐる多くの闘争に見ることができます。移民をめぐる議論しかり、宗教上の、人種上の、あるいはエスニック上のマイノリティの

(1) インド＝ヨーロッパ諸語の歴史は、ヒンドゥー教徒はほぼ間違いなく外からインドに移民してきたことを示している（もし本当の意味での原住民がいるとすれば、それは南インドのドラヴィダ人である）。のちに、少数のイスラム教徒とキリスト教徒が外からやって来たものの、今日のインドのイスラム教徒とキリスト教徒は、その大半がヒンドゥー教からの改宗者である。いずれにせよ、ある場所に到着した時期——たとえば、西暦一六〇〇年よりは紀元前一五〇〇年といったように——によって市民権の強さが変わるという考え方は断固として拒否しなければならない。

(2) テレビ化された『マハーバーラタ』と『ラーマーヤナ』に関する拙論については、*The Clash Within* 第五章を参照のこと。現代の社会状況を考察するためにまったく違った角度から『マハーバーラタ』を扱っているものとしては、グルチャラン・ダース（Gurcharan Das）の *The Difficulty of Being Good: On the Subtle Art of Dharma* (Delhi: Penguin, 2009; London: Penguin, 2010; and New York: Oxford University Press, 2010) を参照のこと。ダースについては拙著の *The Clash Within* 第二章で取り上げている。

受け入れをめぐる議論しかり、ジェンダーの平等、性的指向、積極的差別是正措置《アファーマティブ・アクション》をめぐる議論しかりです。どのような社会にあっても、このような議論は不安と攻撃性を引き起こします。またどのような社会にも、思いやりと敬意の力があります。特定の社会的・政治的構造はこうした闘争の結果を大きく左右するものですが、私たちは少なくとも手はじめに、広く共有されている人間の幼年期の話を考察し、制度や社会規範によってさらに発達したり抑圧されたりする問題や資質を見出してみることにしましょう[3]。こうした話の細部を特定するのは現在進められている研究や議論の役割ですし、介入のための突破口を探求するのも同様に複雑です。しかし私たちはどこかから始めなくてはいけません。それに、教育をめぐる多くの提言は、人間の発達にともなう心の問題をはっきりさせていないため、どのような問題を解決すべきで、それらの解決にはどのような手段があるのかが不明なままなのです。

人間の乳児は、自分が作ったわけでもなければコントロールもできない世界に、無力な状態で生まれつきます。乳児がいちばん最初に経験することのひとつに、この上ない充足感——そこでは、ちょうど子宮にいたときのように、世界全体が自らの要求を満たすために回っているように感じられます——と、よいことが望むときに起こらず、それを起こすために何もできないときに感じる、苦しいまでの無力感の目まぐるしい交代があります。人間の身体上の非力さは動物界では例を見ないものですが、それがきわめて高い認識能力と組み合わされているのです（たとえば、生後一週間の乳児でさえ、母乳が自分の母親のものかそれとも他の母親のものか嗅ぎ分けられることが、いまでは知られています）。「内なる衝突」が何なのかを理解するには、この奇妙で独特な物語、つまり、人間の持つ、能力と非力さの奇妙な組み合わせ、非力さ、死、有限性と私たちとの厄介な関係、ふつうの人であれば受け入れがたく感じられる状況を克服したいという絶えざる欲求について考えなければなりません。

乳児は発達するにつれて、自分の身に起きていることを次第に意識するようになりますが、自分ではどうすることもできません。つねに世話をしてもらえるという期待感――「赤ん坊陛下」というフロイトの言葉がかくも見事に言い表わしている「全能な乳児」のことです――に、実は自分は全能ではなく、どうしようもなく無力なのだと知ることから来る不安感と恥辱感が加わります。こうした不安感と恥辱感から、完全性と充足性への切実な欲望が生まれます。この欲望は、自分は命に限りある弱い生物からなる世界のほんの一部でしかないということをどれだけ子どもが学んだところで、完全に拭い去ることはできません。そして、不完全さに由来する恥辱感を乗り越えたいというこの欲望が、著しい不安と道徳的危機につながるのです。

こうした初期段階にある乳児にとっては、他の人間は完全には実在していません。彼らは必要なものを運んでくるかこないかの道具にすぎないのです。乳児が親を自分の奴隷にするのを好むのは、自分が必要とするものを供給してくれる力をコントロールしたいからです。ジャン゠ジャック・ルソーは、教育についての偉大な著作『エミール』のなかで、両親を奴隷にしたがる子どもの欲求のなかに、

（3）こうしたモデルの有効性については、Nussbaum, *Upheavals of Thought: The Intelligence of Emotions* (Cambridge: Cambridge University Press, 2001) 第四章で詳しく論じている。

ヒエラルヒーからなる世界の始まりを見出しています。ルソーは子どもが生まれつき悪だと考えていたわけではないのですが——実際彼は、子どもの本能が愛と共感に向かうことを強調しています——、道徳を歪め、残酷な行動へとつながりかねない力学は、まさに人間の乳児の弱さと依存性から生まれ、それを防ぐためには、支配願望とナルシシズムへの志向をより生産的な方向に向けなければならないことを理解していました。

自分の無力さ——ときには期待するように促される至福の充足性を自力では実現できないこと——に子どもが覚える恥辱感についてはすでに述べました。(4)「原初的な恥辱感」とでも呼ぶべきこの恥辱感に、やがてもうひとつの強力な感情が加わります。自らの身体の老廃物に対する嫌悪感がそれです。嫌悪感はたいていの感情と同様に、生物としての発達に由来するものですが、そこには学習も関係しているため、子どもの認識能力がかなり成熟する排便訓練期までは現われません。したがって嫌悪感が向かう方向については、社会が影響を及ぼす余地が多くあるわけです。最近の研究は、嫌悪感は単に本能的なものではなく、認識に基づく側面が強くあり、汚れや不浄といった概念を伴っていることを示しています。私たちがけがらわしいと嫌悪して拒絶するもの——排泄物、その他の体の老廃物、そして死体——は、私たち自身の動物性と死の運命の証であり、したがって重要な問題に関して私たちが無力であることの証拠なのだと実験心理学者たちは結論づけています。こうした老廃物と距離を取ることで、私たちは自分が老廃物を生成するという事実、そして究極的には死ぬ運命にある動物であるという点で、私たち自身が老廃物だという事実から来る不安をコントロールしているのだと、嫌

悪感について研究している実験心理学者たちは考えています。(5)

このように捉えると、嫌悪感は私たちによき指針を与えてくれるように思われます。というのも排泄物や死体に対する拒絶感は、危険を察知して避けるための大まかな手掛かりとして役に立つからです。嫌悪感による危険の知覚はとても不完全なものですが――自然界の危険物の多くは胸が悪くなるものではないですし、胸の悪くなるようなものの多くは無害です――ぞっとするような臭いのする牛乳を避けるのは理にかなっていますし、毎回実験室で検査するよりも簡単です。(6) しかしやがて嫌悪感は、人間の子どもが根本的に持っている自己愛と結びついて本当の害を及ぼしはじめます。自らの動物性と完全に距離を取るための効率的な手段のひとつは、動物性の特徴――悪臭、分泌物、ぬめり――を他の人々に投影し、その人々を汚れていて不浄な存在として扱い、社会の最下層に位置づけ、不安を抱いている当人とけがらわしいとされて怖れられる動物性とのあいだの実質的な境界線、緩衝地帯にしてしまうことです。子どもはとても早い時期からこうしたことをし始めるものであり、ある子どもを汚い、あるいはけがれているとみなします。紙を折って「バイキン取り」を作り、汚くてぞ

(4) 恥辱感と嫌悪感についてのより広範な分析については、Nussbaum, *Hiding from Humanity: Disgust, Shame, and the Law* (Princeton: Princeton University Press, 2004)〔マーサ・ヌスバーム、河野哲也監訳『感情と法――現代アメリカ社会の政治的リベラリズム』慶應義塾大学出版会、二〇一〇年〕を参照のこと。
(5) 同右における、ポール・ロジン (Paul Rozin)、ジョナサン・ハイト (Jonathan Haidt) 他の実験についての参考文献を参照のこと。
(6) ロジンの実験は、危険の感覚と嫌悪感のギャップを明らかにしている。

っとするという烙印を押された仲間はずれの子どもから、気持ち悪いとされる虫や「バイキン」を「捕まえる」という、よく見られる子どもの遊びはその一例です。

その一方で子どもは周囲の大人の社会から学習するわけですが、その大人の社会は、こうした「投影された嫌悪感」をひとつもしくはそれ以上の下位集団――アフリカ系アメリカ人、ユダヤ人、女性、同性愛者、貧民、インドの低カースト層――に向けるのが一般的です。実際のところ、これらの集団は動物的な「他者」として機能しており、特権的な集団は彼らを排除することで自らをより優秀な存在だと規定し、それどころか超越的だと見なすことさえあります。下位集団に属する人との身体的接触を避け、そうした人が触ったモノとの接触さえ避けようとするのは、嫌悪感の投影のよく見られる具体例です。心理学の研究が強調しているように、嫌悪感は非理性的で魔術的な思考に満ちています。けがれという観念が人種差別やその他の集団の抑圧に普遍的に見られるのは驚くべきことではありません。

嫌悪感の投影は、自己否定と、否定した自己を、社会的により無力なだけで本当は投影を行なっている側と何ら変わらない人間集団に転位させている点で、いつでも疑わしいものです。かくして、両親を奴隷に変えたいという、子どもが生来持っている自己愛的な欲望は、社会的ヒエラルヒーを作りだすことによって満たされることになります。この力学は民主的な平等にとってつねに脅威です(7)。

この物語は形こそ違え、普遍的であるように思われます。多くの社会における嫌悪感の研究が似たような力学を明らかにしているからです。残念ながら、すべての人間社会は外集団を作りだし、彼らを恥ずべきもの、もしくは嫌悪すべきもの、そしてたいていの場合その両方であると位置づけていることを認めなくてはなりません。しかしながら、弱さや欲求や相互依存性に対する人々の態度を変えることができれば、この物語の呪縛から逃れることは可能です。影響する要因としては、家族の個別的差異、社会的規範、法律があります。これら三者は複雑な形で相互に作用するのが一般的です。というのも、親自身も社会的・政治的な世界の住民であり、彼らが子どもに送るシグナルもその世界によって形成されているからです。

他者に汚名を着せる行動は自らの脆弱性をめぐる不安への反応であるように思われるため、この根深い不安に対処しなければ、そうした行動を和らげることもできません。ルソーが強調した対処法のひとつは、実際的な能力を養うことでした。環境にうまく適応できる子どもは、自分に仕える召使をそれほど必要としません。しかし社会は、無力感そのもの、そしてその無力感が引き起こす苦痛にも対応しなければなりません。この苦痛に独創的に対処している社会や家族の規範は、人間はみな死ぬ運命にある弱い存在であり、人間の生のこうした側面を嫌悪したり否定したりする必要はなく、互恵性と助け合いによって対処していけばいいのだというメッセージを若者に送っています。ジャン＝ジャック・ルソーは、人間の根本的な弱さを学ぶことを彼の教育観の中心に据えました。私たちはそうした弱さを知ってはじめて社会的になり、他の人間と向き合うことができる、したがって、私たちの不完全さそのものがよき社会への希望の礎となりうるのだと彼は主張したのです。フランスの貴族た

（7）『感情と法』の第二章と第四章を参照のこと。心理学に関する拙論は、ドナルド・ウィニコットの概念と議論に多くを負っている。

ちはこうした教育を受けていない、自分たちはふつうの人間よりも優れていると教わって成長し、そうした強さへの欲望が他者に対する彼らの支配欲を助長してきたのだ、と彼は指摘しています。

多くの社会が、ルソーの言うフランス貴族の受けた悪い教育を行なっています。社会および家族の規範は、完全性、強さ、支配こそが大人の成功の鍵だというメッセージを発しています。こうした社会規範は多くの文化でジェンダー化されており、他者に投影される嫌悪感には強くジェンダー化された要素がしばしば存在することを、嫌悪感についての研究は明らかにしています。男性は、成功とは身体とその弱さの上に立つことだと学び、その結果、(女性やアフリカ系アメリカ人といった)底辺層の人々を過度に身体的であり、したがって支配する必要があると特徴づけるようになります。このような話には多くの文化的ヴァリエーションがあり、それらを詳しく研究してから特定の社会状況に対処する必要があります。文化全般がこうした病んだ規範を内包していなくても、個々の家族が——たとえば、成功への唯一の道は、完璧な存在となってすべてを統制することだといったような——悪いメッセージを送ってしまうかもしれません。したがって、社会のヒエラルヒーの源は人間の生の深いところに根ざしているのです。学校や大学の場だけで「内なる衝突」と闘うのは不可能であり、家族やより広範な社会が関わらなくてはなりません。しかし少なくとも学校は、子どもの生に大きな影響を及ぼす力であり、そのメッセージに目を光らせることは他よりも容易だと思われます。

先述したように、嫌悪感という病理の中心は、「純粋な」ものと「不純な」ものに世界を二分すること——非の打ちどころのない「私たち」と不潔で邪悪でけがれた「彼ら」を構築すること——です。

国際政治における悪しき思考の多くがこの病理の痕跡を示しています。他の集団は邪悪で汚れているが自分たちは天使の側にいるのだと、人々はあまりにも安易に考えがちです。昔から愛されてきた多くの子ども向けの物語のパターンが、とても根深いこうした人間の傾向を助長していることに私たちはいまでは気がついています。そこでは、醜くてぞっとするような魔女や怪物を殺した——オーブンで料理するというものまでありますー(8)——ときに世界は正されるのだと示唆されています。現代の子ども向けの物語の多くが同じ世界観を描いています。私たちは、世界の本当の複雑さを子どもに示唆してくれる芸術家に感謝すべきです。たとえば、日本の映画監督である宮崎駿の野性的で奇想天外な映画は、より優しく、より微妙な善悪観を内包しており、そこでは、良心的な人間と環境との関係といった現実的で複雑な原因から危険が生じることもあります。あるいはモーリス・センダックの『かいじゅうたちのいるところ』——最近素晴らしい映画になりました〔2〕——のマックスは、自らの内なる世界とそこに潜む危険な攻撃性を象徴する怪物たちとはしゃぎ回ります。怪物たちは完全に醜いわけではあり

(8) 人々から愛されているヘンゼルとグレーテルの物語はフンパーディンクによってオペラ化されて人気を博したわけだが、彼は純粋なドイツ民族(Volk)を称揚しようとしたワーグナーの弟子であった。この物語は幻想を助長し、それがおそらく無意識であるにせよ、ユダヤ人を絶滅させる手段を選択する際に影響を与えたのだろうか？オペラの結末では、ブロンドのドイツ人の子どもたちが魔女の魔法から解き放たれてよみがえり、焼かれる彼女を見て喝采する。

〔2〕 モーリス・センダック、神宮輝夫訳『かいじゅうたちのいるところ』冨山房、一九七五年。二〇〇九年に映画化された(監督はスパイク・ジョーンズ、脚本はスパイク・ジョーンズとデイヴ・エガーズ)。

ません。というのも、自らの内なる悪魔に対する憎しみは、それらを外部の他者に投影する必要を生み出しがちだからです。子ども時代に教わった物語は、私たち大人が住む世界の強力な構成要素となります。

ここまでは問題について語ってきました。それでは対策はどうなのでしょうか？　内なる衝突と対極にあるのが、思いやりを寄せ、他人を単なる手段ではなくその人自身として捉える能力の発達です。すべてが順調な場合、時が経つにつれ、子どもは自らの欲求を支えてくれる他人に感謝と愛を感じるようになり、そうした人々の立場から世界を想像できるようになっていきます。関心を寄せ、思いやりと想像力をもって応答するこうした能力は、私たちが受け継いできた進化に深く根ざしています。(9) 霊長類の多くは何らかの思いやりを経験しているようですし、おそらく象や犬も同様です。チンパンジー、それにおそらく犬や象の場合も、思いやりは感情移入、すなわち「立場を変えた思考」の能力——別の個体の観点から世界を捉える能力——と結びついています。立場を変えた思考は思いやりに必要というわけではありませんし、それだけでは十分でないことも確かです。たとえばサディストは、こうした思考を使って被害者をいたぶるかもしれません。しかし立場を変えた思考は、思いやりの感情を形成するのには大いに役立ちます。そしてこの思いやりの感情は他人を助ける行動と関連しています。C・ダニエル・バトソンの注目すべき実験によれば、他人の生々しい苦労話を注意深く聞くように頼まれた人は、その相手の立場に立つため、もっと距離を置いて聞くように頼まれた人よりも共感をもって応答する傾向がずっと強くなります。彼らは思いやりをもって反応し、それから相手を助けることを選びます——もしそうした助けが可能になるような選択肢が提示され、それが高くつきすぎなければの話ではありますが[10]。

共感や思いやりの能力が発達すると——それは感情移入によって相手の立場に立つ経験を通じてのことがしばしばです——子どもは自分の攻撃性が他の人間にしてきたことを理解し、その人に対する気遣いを深めていきます。こうして子どもは自らの攻撃性に後ろめたさを感じ、他人の安寧に真の関心を寄せるようになります。感情移入は倫理ではありませんが、倫理に必要不可欠な要素を提供しうるのです。関心が高まると、自らの攻撃性を抑制したいという願望も強くなっていきます。他人が自分の奴隷ではなく、彼ら自身の生を送る権利を有する別個の存在であることを子どもは認識するのです。

このような認識は一般的に不安定なものです。人間の生が不確かなものであるために私たちは不安を覚え、そのことがさらなる統制——そこには他者に対する統制が含まれます——を求めることにつながるからです。しかし、家庭内での肯定的な躾《しつけ》を良質な教育と組み合わせることで、他人の欲求に思いやりと関心を寄せ、他人を自分と同じ権利を持った人間であると見なすように子どもを導くことは可能です。社会規範や、大人や男性性についての支配的な社会イメージが子どものこうした形成に介入する分だけ、困難や緊張が生まれることでしょう。しかし、良質な教育を通じてこうしたステレオタイプに

(9) Frans de Waal, *Good Natured: The Origins of Right and Wrong in Humans and Other Animals* (Cambridge, MA: Harvard University Press, 1996)〔フランス・ドゥ・ヴァール、西田利貞、藤井留美訳『利己的なサル、他人を思いやるサル——モラルはなぜ生まれたのか』草思社、一九九八年〕を参照のこと。

(10) C. Daniel Batson, *The Altruism Question* (Hillsdale, NJ: Lawrence Erlbaum, 1991).

対抗し、感情移入と互恵性が重要であることを子どもに理解させることは可能なのです。

思いやりは、それだけでは確実なものではありません。人間は他の動物と同様に、自分の知り合いには思いやりを寄せますが、見ず知らずの人にはそうしないものです。ネズミのように一見単純そうな生物でさえ、他のネズミが受けた身体的な苦痛に自らも苦痛を感じる――その特定のネズミと一緒に生活したことがあればの話ですが――ことが今日では知られています。[11] しかし、見ず知らずのネズミの苦痛は、思いやりの前段階である感情の揺れを引き起こすことはありません。したがっておそらく、世界を既知なものと未知なものに分割する傾向は、私たちが受け継いできた進化に深く根ざしているのでしょう。

他の悪しき理由のために、思いやりを抑制することもあるかもしれません。たとえば私たちは、不運に苦しんでいるのは本人の責任だと誤って非難してしまうかもしれません。多くのアメリカ人は、貧しい人は怠惰と努力不足のゆえに自ら貧困を招いていると考えています。したがって、こうした考え方は間違っていることが多いにもかかわらず、彼らは貧しい人々に思いやりを感じないのです。[12]

このような思いやりの欠如は、嫌悪感と恥の有害な力学と結びつきかねません。社会のある特定の下位集団が恥ずべきで嫌悪すべきものとみなされると、その構成員は、動物的で臭く、汚いうえにけがれをもたらすといったように、主要な集団の構成員とは大きく異なり、劣っているように見えます。したがって彼らを思いやりの対象から除外することが容易になり、彼らの観点から世界を見ることも困難になります。他の白人を深く思いやる白人が、有色人種を動物やモノのように扱い、彼らの立場から世界を見ようとしないことがあるのです。男性が女性をこのように扱い、その一方で他の男性には思いやりを感じることがしばしば起こります。要するに、思いやりを育むだけでは、奴隷化と従属化を求める力を克服するのには十分ではないのです。なぜなら思いやり自体が嫌悪感や恥辱感とつながり、エリート間の連帯を強め、下位集団の人々とのあいだにさらに距離を作ることになりかねないからです。

若者が大人に近づくにしたがって、彼らを取り巻く仲間文化の影響力は増していきます。よき大人(よき男性、よき女性)の規範は、そうしたことへの関心が自己愛的な不安と恥の意識に対抗するものであるため、発達のプロセスに大きな影響を与えます。青少年の仲間文化が、「本物の男性」とは弱さや欲求とは無縁で、人生に必要なすべてを統制できる人のことだと規定する場合、そのような教えは幼児的な自己愛を増大させ、弱くて従属的だとされる女性や他の人々に思いやりを広げることを強く抑制します。心理学者のダン・キンドロンとマイケル・トンプソンの考察によれば、こうした文化がアメリカの十代の少年たちのあいだで機能しています[13]。どの文化も男性性と統制をある

(11) Dale J. Langford, Sara E. Crager, Zarrar Shehzad, Shad B. Smith, Susana G. Sotocinal, Jeremy S. Levenstadt, Mona Lisa Chanda, Daniel J. Levitin, and Jeffrey S. Mogil, "Social Modulation of Pain as Evidence for Empathy in Mice," *Science* 312 (2006), 1967–70を参照のこと。

(12) Candace Clark, *Misery and Company: Sympathy in Everyday Life* (Chicago: University of Chicago Press, 1997) を参照のこと。

(13) Dan Kindlon and Michael Thompson, *Raising Cain: Protecting the Emotional Life of Boys* (New York: Ballantine, 1999).〔ダン・キンドロン、マイケル・トンプソン、湯河京子訳『危ない少年たちを救え』草思社、二〇〇三年〕

程度は関連づけるものですが、アメリカ文化には確かにそういうところがあり、他からの助けがまったくなくても一人でやっていける孤独なカウボーイのイメージを、模範として若者たちに提示しています。

キンドロンとトンプソンが強調しているように、そうした理想の男性になろうとすると、本当は統制できていない世界を統制できているふりをしなければならなくなります。この偽りは、若い「本物の男性」が空腹や疲労、願望を感じ、そしてしばしば病や恐怖感にも襲われる以上、生そのものによって実質的に日々あばかれることになります。したがって、この神話にしたがって生きようとする人間の心理の深層には恥辱感が流れているのです。「本物の男性」でなくてはいけないのに、環境はおろか、自分の身体さえも無数の点で統制できているとは思えない、というわけです。恥辱感は人間の無力さに対するほぼ普遍的な反応ですが、お互いの欲求と相互依存の理想にしたがって育てられた人に比べて、完全な統制の神話にのっとって育てられた人の恥辱感はずっと強いものになります。したがってここでも再び、統制や完璧さを目指さないこと、自らの将来性や可能性をふつうの人間以上のものと見なさないことが、いかに子どもにとって大切かがわかります。人間が共通して持っている弱さがさまざまな社会状況においていかに経験されるのかをしっかりと学び、社会的・政治的な諸関係が人間誰しもが持っている弱さにいかに影響するのかを理解することが大事なのです。

教育者は、他人を支配しようとするエミールの自己愛的な欲望と二つの角度から闘わなくてはいけない、ルソーはそう論じました。まず一方で、身体が成熟するにつれて無力ではなくなること、始終仕えてもらう必要がなくなることをエミールは学ばなくてはいけません。世間的な能力がある分だけ、乳児のように他人に依存する必要は減り、不安も和らいで、自分の言いなりにはならない、独自の意図を持った人間として他人を見ることができるようになります。学習を実際の活用の場と切り離してまったく抽象的なものとして提示しているために、多くの学校が無力感と受動性を助長しているとルソーは考えました。それとは対照的に、エミールの教育者は、エミールに自身が生きている世界との折り合いのつけ方を教え、彼がこの世界で行なわれている諸活動にきちんと参加できるようにするでしょう。その一方で、エミールの情緒教育も続けなくてはなりません。さまざまな物語を通じて、他人の身になり、世界を彼らの眼から捉え、想像力を通じて彼らの苦しみをまざまざと感じることを学ばなくてはならないのです。そのようにしてはじめて、遠くの他人が現実的で同等の存在になるのです。

自己愛、無力感、恥辱感、嫌悪感、思いやりのこうした物語が、民主的市民精神のための教育が取り組むべき問題の中核にあると私は信じています。しかし、教育者が留意すべき心理的な問題は他にもあります。実験心理学における研究は、多くの社会に共通しているように思われる数々の悪しき傾向を明らかにしています。スタンリー・ミルグラムは、いまや古典となったその有名な実験において、被験者が権威に従属する度合いが高いことを示しました。しばしばくり返される彼の実験においては、激しい苦痛を伴う危険なレベルの電気ショックを、そういうことをしても大丈夫だと監督役の科学者が受けあうかぎり、多くの人が自発的に他人に与えます——たとえ、(もちろん、これは実験のための偽装なのですが）その他人が苦痛に泣き叫んでいてもです。(14) ミルグラム以前に、ソロモン・アッシュは、周囲の他の人間全員が誤った認識判断をすると、被験者も自分の明確な認識に逆らってしまうことを示しました。その正しさがしばしば証明されている彼の厳密な研究は、ふつうの人間は仲間の圧力《ピア・プレッシャー》に驚くほど簡単に屈服してしまうことを示しています。クリストファー・ブラウニングはミルグラムとアッシュの研究を効果的に使い、ナチス時代にユダヤ人を殺害した警察大隊に属していたドイツ人の若者たちの行動を明らかにしました。(15) ブラウニングの示したところによれば、これらの若者に対する仲間の圧力と当局の影響力は、ユダヤ人を銃で撃てなかった者が自らの弱さを恥じたほど大きかったのです。

これら二つの傾向が、先述した自己愛、不安、恥辱感の力学と深く関連していることは容易に見て取れます。人々が仲間集団との連帯を好むのは、それがいわば強さの代わりとなるからであり、他者を非難したり傷つけたりする人が、連帯感の強い集団の一員としてそうした行動を取りがちなのは驚くべきことではありません。権力への服従は集団生活に共通する特徴であり、弱さとは無縁に見える指導者を信頼するのは、脆弱なエゴが不確実さから自らを守るためのよく知られた手段です。したがってある意味で、こうした研究は私がこれまで概説してきたことの正しさを裏付けているのです。

しかし、これらの研究は新しい論点を教えてくれてもいます。それが示すところによれば、大まかに言って似た潜在傾向を持つ人々は、ある特定の状況下ではより悪質な行動を取るのです。アッシュの研究は、異を唱える者が一人でもいれば、被験者は自分独自の判断を表明できることを示しました。

つまり、誤った判断を下す人々ばかりに囲まれていると、被験者は自分の考えを口にできないのです。ミルグラムの実験は、権威ある人物が責任を取っているから自分たち自身の決断には責任がない、と人々が考えるようになると、無責任な決断が生じることを示しています。要するに、状況が違えばよい行動を取る人でも、特定の構造のなかでは悪い行動を取るのです。

さらに他の研究は、礼儀正しくしっかりした行動を取るように見える人でも、支配的な役割を与えられ、他者は自分たちよりも劣っていると言い聞かされるような特定の状況下に置かれると、自ら進んで人を辱めたり非難したりすることを明らかにしています。特に恐ろしいのは、青い眼をした子どもは茶色の眼をした子どもよりも優れていると先生に言われた児童たちの例です。序列的で残酷な行動が続きます。それから、間違いがあった、本当に優れているのは茶色の眼をした子どもで青い眼の子どもは劣っているのだ、と先生は子どもに告げます。序列的で残酷な行動は単に逆転するだけです。茶色の眼の子どもは差別を受けた苦痛から何も学ばないようです。(16) つまり、個人の病んだ躾《しつけ》や病んだ社会だけが悪しき行動を生み出すわけではないのです。特定の状況下では、しっかりしているように

(14) ミルグラムとアッシュの研究の簡潔な要約については、Philip Zimbardo, *The Lucifer Effect: How Good People Turn Evil* (London: Rider, 2007), 260–275 を参照のこと。

(15) Christopher R. Browning, *Ordinary Men: Reserve Police Battalion 101 and the Final Solution in Poland* (New York: Harper Collins, 1993).〔クリストファー・R・ブラウニング、谷喬夫訳『普通の人びと――ホロコーストと第101警察予備大隊』筑摩書房、一九九七年〕

(16) ジンバルドー(Zimbardo)の *The Lucifer Effect*, 283–285 に報告されている。

見える人でもそうした行動を取る可能性があるのです。

この種の実験でもっとも有名なのは、フィリップ・ジンバルドーのスタンフォード監獄実験かもしれません。看守と受刑者の役を無作為にあてがわれた被験者たちが、ほとんどすぐに異なった行動を取りはじめることをジンバルドーは発見したのです。受刑者は受身的で落ちこむようになり、看守のほうは自らの権力を使って受刑者を辱めたり非難したりしました。ジンバルドーの実験の設定には問題点が数多くあります。たとえば、彼が看守たちに細かい指示を与え、彼らの目標は受刑者に疎外感と絶望感を引き起こすことだと伝えていたことなどです。そのため、実験の成果は確実とはいえません[17]。にもかかわらず彼の成果は少なくともきわめて示唆的ですし、他の膨大なデータと組み合わせれば、個人としては病んでいない人間でも、悪い状況が設定されれば、他人に対してとても悪質な行動を取りうるという考えを裏付けてもいます。

したがって私たちは、個人と状況の両方を見なければいけません。状況だけが問題だというわけではないのです。研究は個別的差異を見出していますし、これまで取り上げてきた実験は、人間が広く共有している心理的傾向の影響を示しているとも解釈できるからです。したがって究極的には、ガンジーがしたことを私たちも行ない、個人の心理を深く考察し、思いやりと共感が恐怖と憎悪に打ち勝つのを手助けするために何ができるのか自問しなくてはなりません。しかしながら状況も問題であり、不完全な人間はある種の構造に置かれるとずっと悪質な行動を取るのは疑いようのないところです。

では、どのような構造が害をなすのでしょうか？　研究はいくつかの例を示唆しています[18]。第一に、個人の責任を問われないときに人間は悪い行動を取ります。匿名性を隠れ蓑にして顔なき大衆の一部となったときの人間は、他人の目があって個人としての責任を問われるときと比べるとはるかに悪質な行動を取ります(スピード違反中にバックミラーにパトカーを見て減速したことがある人なら、この現象がどれだけ広範なものだかお分かりのことと思います)。

第二に、批判の声がまったく上がらないときに人間は悪い行動を取ります。アッシュの被験者は、彼が同じ被験者だと勘違いした人々全員(実際には実験協力者なわけです)が判断を誤ったときにはその誤った判断に従いましたが、たった一人でも違うことを言う人がいれば、自分の知覚と判断に自由に従うことができました。

第三に、自分の影響力が及ぶ人々が人間や個人として扱われないときに人間は悪い行動を取ります。「他者」が動物のように見なされたり、あるいは名前の代わりに数字で呼ばれたりするようなさまざまな状況下では、人間はずっと悪質な行動を取ります。この研究は、キンドロンとトンプソンの臨床観察と重なります。他人を統制したがる若者は、女性を操作すべき単なるモノとして考えるようになり、女性をこのように「モノ化」する能力——多くの点でメディアやインターネット文化が助長しています——が彼らの支配幻想をさらに強めています。

状況のこうした側面を基礎的な教育の一部となしえることはもう明らかでしょう——つまり、教育

(17) ジンバルドーに対する拙評、*Times Literary Supplement*, October 10, 2007, 3–5を参照のこと。
(18) ここでも私の要約はジンバルドーが紹介している広範な研究に基づいている。

のプロセスによって、個人の説明責任《アカウンタビリティ》、他者を一人の個人として扱う傾向、そして批判的な声を上げることへの積極性を強化することができるのです。あらゆる操作を断固として退ける人間を作り出すことはおそらく不可能でしょうが、非難と支配に抵抗する傾向を強めるような社会的文化を作り出し、それ自体を強力な「状況」とすることはできるのです。たとえば周囲の文化は、新しい移民集団や外国人を、自らのヘゲモニーを脅かす顔なき群集と見なすよう子どもに教えることもできれば、そうした集団の成員を、権利と責任を共有する自分たちと同等の個人と見るように教えることもできるのです。

学校は、子どもの知性と感性の発達に対するひとつの影響源でしかありません。自己愛を克服し、関心を高めていく努力の多くは家族内でなされなくてはなりませんし、仲間文化における関係も強力な役割を果たします。しかし良かれ悪しかれ学校は、家族が成し遂げることを強化することもあれば、それを損なうこともあるのです。学校は仲間文化も形成します。カリキュラムの内容と教育方法によって、学校は子どもの知性の発達に大きな影響を及ぼすのです。

健全なデモクラシーを生き、またそれに貢献するような市民を作るために学校にできること、そして学校がすべきことを問うにあたって、この章の分析から得られる教訓とはどのようなものでしょうか?

- 他者、特に劣っているあるいは「単なるモノ」と社会が見なしている人々の観点から、世界を捉える能力を生徒に養うこと。
- 人間の弱さや無力さに対する態度を教え、弱さは恥ずべきことではなく、他人を必要とすることは女々しくないと示唆すること。欲求や不完全さを恥じるのではなく、協力と互恵性を築く機会と捉えるように子どもに教えること。
- 近くの、また遠くの他者に対して、真の関心を持てる能力を養うこと。
- さまざまなマイノリティの人々を「より劣って」いて「けがらわしい」と見なして嫌悪し、避ける傾向を和らげること。
- 他の集団(人種的・宗教的・性的マイノリティ、身体障害者)の現状や真実を教え、ステレオタイプとそれに付随しがちな嫌悪感に対抗すること。
- 一人ひとりの子どもを責任ある主体として扱うことで、説明責任を養うこと。
- 批判的思考、および異議を唱えるのに必要な能力と勇気を強く奨励すること。

これは大きな課題です。各地域の社会的問題とそれに対する対策をしっかりと押さえたうえで、それらの地域の社会状況につねに目を配りながら実行する必要があります。そしてその取り組みは、教育内容のみならず教育方法を通じてもなされる必要があるのですが、次はこの教育方法について取り上げることにしましょう。

第4章

ソクラテス的教育法

——議論の重要性——

私は神によってデモクラシーに与えられたアブのような存在であり、デモクラシーは、大きくて血統はよいが動きが鈍く、アブに刺してもらう必要がある馬なのです。

——ソクラテス、プラトン『ソクラテスの弁明』30E

*

私たちの精神が真の自由を獲得するのは、知識のための材料を手に入れ、他の人々の考えを所有することによってではなく、自分なりの判断の基準を作り上げ、自分なりの思考を生み出すことによってなのだ。

——ロビンドロナト・タゴール、彼の学校のある授業のシラバス、一九一五年頃

「人間にとって、吟味されない人生は生きるに値しない」とソクラテスは公言していました。熱に浮かされた修辞《レトリック》を好み、議論に懐疑的であったデモクラシーのなかで、彼はこうした批判的問いかけという理想への忠誠を貫いたために命を落としたのです。今日では、ソクラテスの例が西洋における伝統的なリベラル教育の理論と実践の中心をなしていますし、似たような考え方がインドや他の非西洋文化におけるリベラル教育の考え方の中核をなしてきました。すべての学部生に哲学やその他の人文学の科目をひととおり受けさせることが力説されてきたのは、そうした講義が、その内容およびその教育方法を通して、伝統や権威を盲信するのではなく、自分自身で考え議論するように学生たちを促すと信じられているから――そして、このようなソクラテス的なやり方で議論する能力が、まさにソクラテスが言ったように、デモクラシーにとってかけがえのないものだと信じられているからです。

とはいえ、ひたすら経済成長の最大化を目指す世界にあっては、ソクラテス的理想は厳しい状況に置かれています。求められているのが市場向けの数値化できる成果だとすれば、自分の頭で考え議論する能力は、多くの人の目に不必要なものに見えるのです。さらに、ソクラテス的な能力を標準テストで測定するのは困難です。教室でのやりとりや生徒の書いたものをよりきめ細かく質的に評価するのでなければ、生徒たちがどの程度、批判的議論の技能を習得したのかはわからないでしょう。標準テストが学校を評価する基準となるかぎり、ソクラテス的側面はカリキュラムにおいても教育方法においても軽視されるでしょう。経済成長指向の文化は標準テストを好みますし、そうしたやり方で簡単に評価できない教育方法と内容に苛立ちを覚えます。カリキュラムが個人や国家の富を重視するかぎり、ソクラテス的な能力が十分に開発されることはないでしょう。

どうしてこれが問題なのでしょうか？　ソクラテスが成長した場であるアテネのデモクラシーを考えてください。多くの点でアテネの諸制度は素晴らしいものです。すべての市民に公的に重要な問題について議論する機会が与えられ、投票にも裁判制度にも市民が参加することが強調されています。実際、軍隊の指揮官を除けば、すべての主要な役職がくじ引きで選ばれていた点で、アテネはどんな近代社会よりもはるかに直接民主制に近いものでした。民会への参加は仕事と居住地によってある程度制限されており、都市の有閑市民層の果たす役割が不釣り合いなほど大きかった──女性や奴隷や外国人のような非市民が排除されていたのは言うまでもありません──とはいえ、エリートではない男性が、公的な議論に参加し貢献することもできたのです。どうしてソクラテスはこの繁栄したデモクラシーを、彼の広めていた議論の技術によって突かれ、目覚めさせなければならない怠惰な馬だと考えたのでしょうか？

たとえば、トゥキディデスの『戦史』[1]に描かれたような政治的な議論を見れば、人々があまり理性的に論じあっていないのがわかります。彼らが自分たちの主要な政治目標を検証したり、さまざまな重要事項をどう調整するかについて体系的に問いかけたりすることは、皆無ではないにせよ滅多にありません。したがって自己検証の欠如に伴う第一の問題は、目標が不明瞭になってしまうことだとわかります。プラトンは対話集『ラケス』〔2〕においてこの問題をはっきりと例示しています。アテネの指導的将軍であるラケスとニキアスは、自分たちには軍事的な勇気があると思っているにもかかわらず、それがどのようなものなのか説明できないのです。戦うに値するものとは何か、最終的な都市の利益とは何かについて考えることが、勇気には含まれるのかどうか、彼らは単にわからないのです。ソクラテスがそのような考えを述べると、彼らは納得します。しかし、そんなことをそれまできちんと考えたことはなかったのです。自分にとってきわめて大切な価値について著しく混乱していたとしても、意思決定が簡単な場合には何の支障もないかもしれません。しかし厳しい選択をしなければならないときには、自分が何を欲し、何を大切にするのかを明確にしておくのはよいことです。プラトンが彼らの自己検証の欠如と、その後なされたシチリア遠征での壊滅的な軍事的・政治的失敗とを関連づけているのはもっともです。アテネのこっぴどい敗北の主要な原因となったのはニキアスだったのです。ソクラテス的な検証は、一連の目標がよいものであることを保証してくれるわけではありませんが、少なくとも、追求されるさまざまな目標の相互関係を明確に捉えることは保証してくれますし、重大な問題が性急さや不注意のせいで見失われることはないでしょう。

〔1〕トゥーキディデース、久保正彰訳『戦史』全三冊、岩波文庫、一九六六―六七年。
〔2〕生島幹三、北嶋美雪、山野耕治訳『プラトン全集7　テアゲス／カルミデス／ラケス／リュシス』岩波書店、二〇〇五年版。

自己検証できない人々にしばしば生じるまた別の問題として、あまりにも容易に他人に影響されてしまうことがあります。才能のある煽動家《デマゴーグ》がアテネ市民に、議論としてはひどいけれど感動的な修辞を駆使して訴えかけると、誰もが議論の内容を検証することなくいともたやすく影響されてしまったのです。そして、自分が本当に望んでいるのがどのような立場なのかをよく考えることもなく、またもやたやすく影響されて逆の立場に戻りうるのです。トゥキディデスによって語られた、植民市ミティレネの反乱者らの運命を巡る議論にその格好の例があります。自分たちの名誉は汚されたのだと主張する煽動家クレオンに影響されて、民会はミティレネの男たちを皆殺しにし、女子どもは奴隷にすると投票によって決議をします。市のその命令を受けて船が出港します。すると、別の演説者であるディオドトスが民衆をなだめ、慈悲を促します。納得した市民は命令を取り消す決議を行ない、最初の命令を中止する命令を受けた二隻目の船が送られます。まったく偶然にも、一隻目の船は風がなくて動けなくなっていたために二隻目は追いつくことができたのです。したがって多くの命が、そしてこのような重大な政治的問題が、合理的な議論ではなくて偶然に委ねられていたのです。もしソクラテスが、人々に立ち止まって考察し、クレオンの演説を分析してその主張を批判的に考えるよう仕向けていたら、ディオドトスの冷静さを説く演説がなくとも、クレオンの強力な修辞に抵抗し、暴力の行使を訴える彼の主張に反対した者が少なくとも何人かはいたはずです。

不決断というものはたいてい、権威への服従と仲間の圧力《ピア・プレッシャー》によってさらに悪化するものです。先述したように、これはあらゆる人間社会に内在する問題です。議論そのものが重視されない場合、人間というものは、話者の名声や文化的威光に、あるいは仲間文化の傾向にたやすく影響されてしまいます。対照的に、ソクラテスの批判的探求は完全に反権威主義的なものです。重要なのは話者の地位ではなく、ひたすら議論の中身なのです（プラトンの『メノン』[3]で、問いかけられた奴隷の少年が有名な政治家たちよりも見事な返答をするのは、彼が傲慢でないからだということもあるでしょう）。哲学の教師たちが権威的人物になってしまえば、彼らはソクラテスの遺産を裏切ることになります。ソクラテスがアテネ市民にもたらしたのは、真に民主的な弱さと謙虚さの例なのです。階級、名声、威光には何の価値もなく、議論こそが何よりも重要なのです。

周囲の集団も重要ではありません。ソクラテス的論者はたえず異議を唱える人です。各人の議論だけが物事をはっきりさせると知っているからです。あることを考えている人が多かろうが少なかろうが問題ではありません。数よりも議論にしたがうように訓練された人が、デモクラシーには有用なのです。そのような人は、アッシュの実験が示したように、間違ったことや軽率なことを言わせようとする圧力に抵抗することができるでしょう。

検証されない生活を送っている人々のさらなる問題は、しばしば互いに敬意を欠くことです。政治討論がスポーツの試合さながら自陣営に得点をもたらすためのものだと考えられるようになると、「相手陣営」は敵と見なされ、これを打ち負かしたい、辱めたいとすら願うようになるのです。妥協

〔3〕プラトン、藤沢令夫訳『メノン』岩波文庫、一九九四年。

点や共通点を探ろうなどとは思いつきもしないのです。ホッケーの試合でシカゴ・ブラックホークスが敵チームとの「共通点」を探ったりしないのと同じです。これとは対照的に、対話の相手に向けるソクラテスの態度は、彼が自分自身に向ける態度とまさに同じものです。各人が検証を必要としており、誰もが議論の前では平等なのです。このような批判的態度は、各人の立ち位置を明らかにします。その過程で、共有された前提や意見が交わる点が明らかになっていき、そのおかげで市民はひとつの結論を共有する方向に進んでいくのです。

マサチューセッツのあるビジネスカレッジ在籍の十九歳、ビリー・タッカーのケースを見てください。彼はそこで一連の「教養」科目を受講しなければならなかったのですが、そのなかには哲学の授業も含まれていました。(1) 興味深いことに、彼の教師であったクリシュナ・マリックはコルカタ出身のインド系アメリカ人で、タゴールの教育の理想によく通じており、その素晴らしい実践者でした。つまりタッカーの受講したクラスは、高度にソクラテス的な二つの伝統の交差点にあったわけです。マリックのクラスの生徒たちはまずソクラテスの生と死について学びました。タッカーは、議論を貫き通すために命を捨てたこの男性にどういうわけか感銘を受けます。それから形式論理学を少し学んだのですが、そのテストで高得点が取れてタッカーは大喜びしました。抽象的かつ知的なことでよい成績が取れるなんて思ったこともなかったからです。次なる段階では、生徒たちは政治演説と新聞社説を分析し、その論理的欠陥を探します。そしてこの授業の最終段階では、時事問題について討論するための準備をします。タッカーは死刑制度に反対する論を展開するように言われて驚きます。彼自身はこの制度にむしろ賛成だったからです。自分とは異なる立場を擁護する議論ができるなんて思ってもみなかった、と彼は言っていました。この経験のおかげで、政治議論に対してこれまでと違う態度を取るようになったと言うのです。いまでは反対の立場をより尊重し、両方の側の議論に、そして双方が共有していることに関心を持つようになり、議論を単に自説を吹聴し主張する手段とは見なさなくなったというわけです。この例からは、政治的「他者」がどのようにして人間的に扱われるようになるかがよくわかります。反対の立場の者を、自分の側と少なくともいくつかは考えを共有する理性的存在として見るようになるのです。

さて今度は、この能力と、強力なグローバル市場に包囲されている現代の多元的なデモクラシーとの関連について考えてみましょう。まず最初に言えることがあります。経済的成功がまさに目標とされている場合でも、一流の会社経営者たちは、批判的な声が沈黙させられないような企業文化を、つまり主体性と説明責任を重んじる文化を作り出す重要性を知悉しています。アメリカ合衆国で私が話す機会のあった優れたビジネス教育者たちは、私たちの最大の失敗のいくつか――NASAのスペースシャトル計画のいくつかの段階での失敗、エンロンやワールドコムのさらに破滅的な失敗――の原因として、イエスマンの文化を挙げていました。イエスマンの文化においては、権威と仲間の圧力がはびこり、批判的なアイデアは決してはっきり口にされないのです(このことは最近、マルコム・グ

(1) Nussbaum, *Cultivating Humanity: A Classical Defense of Reform in Liberal Education* (Cambridge, MA: Harvard University Press, 1997) の第1章を参照のこと。

ラッドウェルが航空会社のパイロットの文化について行なった研究によって確かめられています――安全が脅かされるのは、たいてい権威への服従の度合いが高いときなのです(2)。

ビジネスにおける二つ目の問題は、イノベーションです。繁栄したイノベーション文化を維持するのに不可欠な、想像力と独立した思考の技能を、教養教育が強化すると考えるに足る理由はいくつもあります。ここでもまた、一流のビジネス教育者たちは口を揃えて、広範なプログラムを受講して想像力を養うよう学生たちに勧めていますし、多くの会社が、専門に特化した訓練を受けてきた者よりも、教養課程で学んできた学生を好みます。こうした問題に関して対照実験を行なうのは困難とはいえ、アメリカ経済の特徴のひとつは、一般教養に重きを置いてきたところ、そして科学の分野では、より専門的な応用技術よりも基礎教育・基礎研究に重きを置いてきたところにあると思われます。これは詳しく調べるに値する問題です。その調査の結果がきちんと出れば、私の提言はより強固に支持されることになるでしょう。

しかしくり返しますが、持続的安定を望むデモクラシーの目標は、単なる経済成長だけではありえないし、また、あるべきではないのですから、ここで私たちの中心的な主題である政治文化について再び考えてみましょう。すでに見てきたように人間は権威と仲間の圧力に追従しがちです。おぞましい事態を回避するためには、個々人が異議を申し立てることのできる文化を作り、こうした傾向を押しとどめる必要があります。思い出してください――アッシュは、被験者のグループにたった一人でも真実を主張する者がいれば、その者に他の者たちが従うことを発見し、ひとつの批判的な声が重要な結果をもたらしうると証明していました。個々人の主体的な声を重視することは、責任の文化を推奨することにもなるのです。自分の考えに責任を持つ人々は、自分の行為にも責任を持とうとするものです。まさにこれこそ、タゴールが『ナショナリズム』のなかで言いたかったことです。そこでタゴールは、社会生活の官僚主義化と近代国家の情け容赦なく機械的な性質が、人々の道徳的想像力を鈍磨させ、その結果人々は何の良心の呵責もなくおぞましい事態を黙認するようになると強調しています。世界がまっしぐらに崩壊へ向かうのを避けたいのなら独立した思考が重要である、とタゴールは言い添えています。彼は一九一七年に日本で行なった講演のなかで、ますます巨大な機械の一部と化すことを人々が黙認し、国家権力の企てを実行するようになっている事態を念頭に置いて、「魂の収縮による緩慢な自殺」について語っています。しっかりと批判的な公共文化だけがおそらくこのような致命的な傾向を阻止できるのです。

ソクラテス的思考はどのようなデモクラシーにおいても重要です。しかし、エスニシティ、カースト、宗教を異にする人々の存在に向かい合う必要のある社会においてはとりわけ重要です。人が自分の思考に責任を持ち、理性を互いに尊重する雰囲気のなかで他者と考えをやりとりするという考え方は、一国の内においても、エスニシティおよび宗教上の対立によってますます分極化しつつある世界においても、差異を平和裡に解決するためにきわめて重要です。

(2) Malcolm Gladwell, *Outliers: The Study of Success* (New York: Little, Brown and Co., 2008).〔マルコム・グラッドウェル、勝間和代訳『天才！ 成功する人々の法則』講談社、二〇〇九年〕

ソクラテス的思考は社会的な実践なのです。理想としては、それは広範な社会的・政治的諸制度を形作るべきです。とはいえ、私たちの主題は学校教育ですので、ソクラテス的思考はまた学問《ディシプリン》だと見ることもできます。つまり学校や大学のカリキュラムの一部として教えうるものなのですが、教室での教育方針や学校の校風《エートス》にそれが浸透していなければ、うまく教えることなど無理でしょう。生徒の一人ひとりが、教室での議論に主体的かつ創造的に貢献することが期待される、知性の力を発達させつつある個人として扱われなければならないのです。この種の教育法は少人数クラスでなければ、あるいは最低でも、クラスの規模が大きい場合には小グループに分けた授業を定期的に行なうようにしなければ実現できません。

しかしより具体的には、どのようにして教養教育はソクラテス的な価値を教えることができるのでしょうか？　大学のレベルでは、この問いへの解答はかなり理解されやすいものです。批判的思考をさまざまなタイプの授業の教育法に組み込むことが出発点となるでしょう。そうすることで学生たちは物事を探求し、根拠の有無を評価し、しっかりと議論の構築されたレポートを書き、他人の文章のなかで提示された議論を分析することを学ぶようになるのです。

とはいえ、教養教育によって可能になる能動的なソクラテス的思考を、比較的成熟したそうした学生たちに完全に身につけさせようとするのであれば、議論の構造というものをより重視することが大事だと思われます。このような理由から、私は以前、あらゆる大学はアメリカのカトリック系大学を見習うべきだと言ったことがあります。そうした大学では、必修となる神学や宗教の科目がどのようなものであれ、それに加えて最低でも二学期間は哲学を学ばなければならないからです[3]。タッカーがベントレー・カレッジで受講した授業は、そうした授業をどのように構成すればよいかを示す好例です。だいたいの場合、いくつかの哲学的テキストが出発点を提供してくれます——そしてプラトンの対話篇は、ソクラテスの生きざまを前面に押し出しながら、探求や能動的思考を促すその力において比類のないものです。タッカーの受講した授業はまた、論理構造の形式にも注意を払っていました。これは、新聞の社説や政治演説から関心のある主題についての自らの議論に至るまで、多くの異なるタイプのテキストに応用できる雛型を学生たちに与えるという点で非常に有益なものでした。そして最後に、教室での議論や論文執筆を通じて学生たちに学んだことを実践させ、そこに教師が詳細なフィードバックを行なうことによってはじめて、学生たちは学んだことを身につけ、使いこなせるようになるのです。

十分な教育を受けてきた大学学部生であっても、市民精神と敬意に基づく政治的交流の能力をより十全に発達させるために、この種の授業が間違いなく必要です。賢く、十分な知識を持った学生であっても、忍耐強い訓練なくしては議論を細かく分析できるようにはならないのがふつうなのです。このような教育はアメリカ合衆国ではまだ比較的よく目にするものですが、教員にかなりの負担を強いるもので、大人数の講義ではなされうるものではありません。学部生とのこの種の濃密なやり取りは、

(3) *Cultivating Humanity* の第一章および第八章を参照のこと。

ヨーロッパやアジアの国々で見出すのは困難です。そうした地域では、学生たちは大学に入ってたったひとつの専門を学ぶだけで、そもそも一般教養科目が必修になっていません。大人数講義が基本となっており、学生たちが授業に能動的に参加することはほとんど、あるいはまったくなく、学生たちの書いたものにフィードバックがなされることもほとんど、あるいはまったくないのです――この点については最終章でまた触れるつもりです。

タッカーはすでに高校を卒業していましたが、子どもの教育のまさに最初期からソクラテス的思考を奨励することは可能ですし、またそうすることが重要です。実際、しばしばそうしたことがなされてきたのです。これこそ近代の進歩的教育を特徴づけるもののひとつなのです。

ここで私たちはいったん立ち止まり、歴史的に考えてみる必要があります。ソクラテス的教育の諸々の貴重なモデルは、受動的学習に対する反発から実にさまざまな国々で昔から発展してきたからです。そうしたモデルは私たちの研究に役立ちうるし、また役立つはずです。この豊かに脈々と続く伝統を精査することによって、さらなる分析のための参照点と、分析を豊かなものにしてくれる理論的な素材が得られるでしょう。

十八世紀から、ヨーロッパ、北アメリカ、そして特にインドの思想家たちは、暗記学習を中心とする教育モデルと袂を分かち、子どもを能動的かつ批判的に参加させる実験を行ないはじめます。こうした実験はさまざまな場所で、ある程度独立して展開されていたのですが、最終的には互いに大いに影響を与えあい借用しあうことになったのでした。こうした改革運動はどれもソクラテスを着想の源としていました。同時にこれらの運動は、既存の学校のどうしようもない停滞ぶりに、そして暗記中心の学習と生徒の受動性は、市民精神や人生にとってよい影響を及ぼすはずがないという教師たちの危惧に端を発するものであり、むしろこちらのほうが理由としては強かったかもしれません。

これらの教育的実験のどれもがソクラテス的問いかけ以上のものを含んでいます。そこに提唱されているものの多くについては、あとで世界市民精神、そしてとりわけ遊びと芸術について考える際に論じることになるでしょう。本章では、個々の改革者の狙いについてざっと把握するために、それぞれの改革の基本概念について理解し、批判的思考という概念について探求するための枠組みを得ることにしましょう。とはいえ、ここではもっぱら、それぞれの思想家の提案に含まれるソクラテス的要素に焦点を当てることにし、教育のその他の側面については第五章と第六章で触れることにします。

ヨーロッパにおいて、これらすべての実験の試金石となったのは、ジャン゠ジャック・ルソーのあの偉大な著作『エミール』(一七六二年)でした。そこには、権威に依拠せず、独立した思考を持って自力で現実的な問題を解決できるような自律的な存在に若者を育てることを目指す教育が描かれています。ルソーの考えでは、おのれの知力だけを頼りに生き抜いていく能力こそが、子どもというものを、他者を隷属させるのではなく他者と平等な関係を取り結びながら生きることのできる、よき市民にする鍵となるのです。したがってエミールの教育の大部分は実践的なものであり、彼は行動によって学ぶわけですが、これはその後のあらゆる進歩的な教育実験の特徴でもあります。けれどもソクラテス的な要素もはっきりと窺えます。教師はただ探ったり問いかけたりするだけで、権威的な教え方は一切しません。エミールは自分で物事を解明しなければならないのです。

ルソーは学校を作りませんでした。そして『エミール』は一人の家庭教師と一人の子どもの話なので、よい学校とはどのようなものなのかについてはほとんど語られていません。その意味で、哲学的には深いものの、きわめて非実践的な作品なのです。ですから、ルソーのやや図式的な哲学の細部に分け入るよりは、彼に触発された現実的な教育実験に焦点を当てていきたいと思います。というのもルソーの思想は、彼と同時代に生き、自分の教育観にかなう学校を創立した二人のヨーロッパの思想家に大きな影響を与えたからです。

スイスの教育者ヨハン・ペスタロッチ（一七四六―一八二七年）が標的としたのは、当時の学校に浸透していた暗記中心の詰め込み学習でした。ペスタロッチが描くところによれば、この種の教育の目的は、成人したのちも権威に従い、問いを発することのない従順な市民を作り出すことでした。それとは対照的にペスタロッチは、その膨大な著作群のなかで――なかにはフィクションの体裁を取っているものもあるのですが――生来の批判的諸能力を発展させることを通して、子どもの能動性と好奇心を伸ばそうとする教育を描き出しています。彼からしてみれば、ソクラテス的教育は魅力的で活気に満ちており、と同時に至極当然なものなのです――もしも目標が家畜の群れのような従順さを作り出すことではなく、頭脳を鍛えることであるならば。

ペスタロッチが説いたのは狭隘なソクラテス主義ではありませんでした――彼は教育における共感

と愛情の重要性も認めています。彼にとって理想的な教師とは、ソクラテス的な挑戦者であると同時に母親的な存在でもありました。体罰の全面禁止を訴えていた点で時代のはるか先を行っていましたし、初期教育における遊びの重要性を強調してもいました。こうしたより広範な文脈を念頭に置いたうえで、ペスタロッチのソクラテス的提案について論じる必要があるのですが、それについてはのちの第六章で扱うことにしましょう。

後世に影響を与えた小説『リーンハルトとゲルトルート』(一七八一年)で、ペスタロッチはある小さな町を舞台に、一種のエリート的な教化からきわめて参加的で民主的な意識の目覚めへと至る教育改革を描いています。意義深いことにも、このラディカルな変革をもたらすのは、一人の労働者階級の女性、ゲルトルートなのです。この女性は母性、好奇心、生活の知恵を一身に体現しています。彼女は村の学校で、社会階層を問わず少年少女を教育し、子どもたちを平等に扱い、実用的で役立つ技術を教えます(「もちろん私たちが教育しているのは人間なのであって、見事なキノコの塊などではありません」とペスタロッチはある箇所で軽妙に書いています)。

エミールの家庭教師と同じく、ゲルトルートは子どもたちに自分の力で問題を解決させ――ペスタロッチは「実物教育」という概念を考案した人です――能動的な問いかけを奨励するのです。しかしソクラテスとは違って、そしてルソーの想像上の家庭教師とも若干違って、ゲルトルートは愛情に満ち溢れ、批判的能力とともに子どもの感情的能力を涵養することに関心を持ってもいるのです。一八〇一年の『ゲルトルートは子どもたちをどのように教えるか』という著作で、ペスタロッチはよい学校教育の原則を要約し、家族愛こそがあらゆる真の教育の源泉であり、これを生き生きとしたものにする原則だとはっきり述べています。男女を問わず若者はもっと母性的になって人を愛すべきだ、そうペスタロッチは言います。君主たちはその自己中心的な目的を追求するために人民を攻撃的にしている。しかし人間の性質は本質的には母性的であり、この母性的な配慮こそが「愛国心と市民道徳の聖なる源泉」なのである、と。ペスタロッチにおけるソクラテス的な要素はつねに、このような感情の発達の重視との関連から理解されなくてはなりません。

ペスタロッチはあまりに時代や国の先を行っていました。彼はさまざまな学校を作りましたが、すべて失敗でした。ナポレオンにも接近しますが、自分の考えを聞いてもらえませんでした。しかし最終的には教育の実践に多大な影響を与え、話を聞きたいとヨーロッパ中から人々が彼のもとにやって来ました。その影響はアメリカ合衆国にまで及び、ブロンソン・オルコットもホレース・マンも彼の考えに多くを負っています。

それからほどなくして、ドイツの教育家フリードリヒ・フレーベル(一七八二―一八五二年)が、ペスタロッチ的な精神のもとに初期教育の改革を行ない、実質的に世界中の子どもの教育の出発点を一変させることになります。というのも、フレーベルは「幼稚園」の発案者にして理論家だからです。「正規の」教育の始まる前の一年間、愛情に包まれて遊びながら子どもは認知能力を発展させるよう優しく励まされます。そしてソクラテス的な精神のもとで、子どもたち自身の活動が彼らの学びの源として重視されるのです。ペスタロッチ同様、フレーベルもまた、代々受け継がれてきた叡智が注ぎ込まれる受動的な容れ物と子どもをみなす伝統的な教育モデルをひどく嫌っていました。教育においては遊びの助けを借りつつ、子どもの生来の能力を引き出し涵養することが重要だと彼は信じていました。幼稚園はまさに、遊びによって学び、自己を発展させるための場所という発想から生まれたものなのです。フレーベルは、たとえばボールのような、ある種の道具――フレーベルの贈り物と呼ばれています――の特性についてかなり神秘主義的な見方を持っていました。そうした象徴的な物体を扱うことによって、子どもは能動的に思考し、周囲の環境を熟知するようになるというわけです。近代の幼稚園は賢明にもフレーベルの神秘主義的傾向は脇に置いて、能動的思考、互恵性、道具の能動的操作を通して子どもは能力を発展させていくという彼の中核的な考え方を取り入れています。攻撃性は人間本来の無力さへの反動なのであって、子どもが周囲の世界とうまくやっていくことを覚えれば自然に消滅し、共感と互恵性の本来的な能力が発展するとフレーベルは信じていました。子どもの発達についての現在の知見からすると、やや楽観的過ぎるところもありますが、大筋としては正しい考え方です。

フレーベルが深い関心を寄せていたのは低年齢層の子どもだったので、ソクラテス的技術がきっちりと提示されているわけでありません。しかし能動的であるよう、単に受容するだけでなく自ら探求し問いを発するよう子どもを促しているところからもわかるように、その基礎となる部分は保証されています。子どもはみな尊重されるべきだし、それぞれが（階級やジェンダーの違いを問わず）探求者であるべきだという彼の考えもまた、完全にソクラテス的なものです。今日、世界中の子どもがフレーベルから大いに恩恵を受けています。共感と愛情に満ちた環境で遊びを通してなされる初期教育という考え方が、各地に幼稚園を創出させたのですから。しかし、この健全な考え方は私たちの世界ではいま押しつぶされようとしています。子どもはますます人生の早い段階からさまざまな技能《スキル》を教え込まれ、リラックスして遊びながら学ぶという機会を失いがちです。

さて、私たちの歴史的調査が次に向かうのは、ヨーロッパの革新的改革が決定的に大きな影響を与えたアメリカです――おそらくだからこそ、アメリカでは教養教育の概念がヨーロッパ以上に花開くことになったのです。ブロンソン・オルコット(一七九九―一八八八年)は今日では何よりも小説家ルイーザ・メイ・オルコットの父親として知られており、彼の学校は『第三若草物語』と『第四若草物語』〔4〕という彼女の小説で実に魅力的に描かれています。ルイーザは父親(ジョーの夫、ベア教授のモデルとなっています)を「ソクラテス的な教育方法」の信奉者として描いています。ベア教授は、自分はペスタロッチとフレーベルに強い影響を受けていると言っています。これはブロンソン・オルコットが目指していたものの特徴を的確に捉えているように思われます。もっとも、そうした影響に加えてドイツ観念論とワーズワースの詩の影響もあったことも忘れてはいけませんが。

一八三四年にボストンに創立したテンプル学園で、オルコットは六歳から十二歳までの少年少女三十人を教えました(教師たちもまた男性と女性両方からなっていました)。一八三九年には、学園は黒人生徒を受け入れました。そのため多くの親たちが子どもを退学させ、学園は閉鎖されました。しかしほんのわずかな期間であれ、学園はヨーロッパの進歩的教育の遺産を受け継ぎ、拡張させたのでした。オルコットの方法には明らかに、ペスタロッチとフレーベルのものよりもさらにソクラテス的なところがありました。教育はつねに断定よりも問いかけの形でなされ、子どもたちは自らの思考と感情を自分自身で検証するよう促されたのです。「教育とは、思考が魂の外に出ていき、外部の事物との関係が自己に反映され、その結果事物の現実と形が意識されるプロセスのことである……それは自己実現なのだ」と彼は書いています。プラトンというよりはヘーゲル的な物言いですが、教育的観点からすれば、基本線はソクラテス的なものです。教育は問いかけと自己検証を通してなされるのです。

フレーベルとペスタロッチと同じように感情の発達や詩の役割を重視する点で、オルコットもソクラテスとは異なっていました。教室ではしばしば詩の読解が重視され、なかでもワーズワースが好まれました。しかし議論が軽視されることはなく、子どもたちは自分自身の考えを責任を持って主張することを教えられました。オルコットにとっては、ヨーロッパの先駆者たちにとってそうであったように、ソクラテスの手法は感情と想像力に重きを置いていないがゆえに不完全なものでした。にもかかわらず、ソクラテスは誰もが探し求めていたものの大部分――生徒たちを伝統的権威に従順な道具にするような教育への対抗措置としての自己検証、説明責任、個々人の知的活動の大切さ――を提供しているのです。

次に、歴史的にとても重要な人物であるホレース・マン(一七九六―一八五九年)について駆け足で見

〔4〕『第三若草物語』『第四若草物語』は、ともに吉田勝江によって翻訳されている(角川文庫)。

てみましょう。オルコットの同時代人であり、政治的に見ればいくつかの点でより主流に位置していたマンは、デューイ以前では、アメリカの公教育の歴史においてもっとも影響力のあった人物かもしれません。マサチューセッツの公立学校での先駆的な改革に始まり、自ら創設したアンチオーク・カレッジでの仕事をその集大成としたマンは、奴隷廃止論者にして女性の平等の擁護者でもありましたが、つねに包括性《インクルーシブネス》を目指していました。つまり、あらゆる人々に対する無料の(単なる実技訓練ではない)教養教育、全米各地の無料図書館、そして非エリート層の生徒が通う学校におけるハイレベルの教育といったことを目指したのです。私たちが見てきた人物たちと同様、マンもまた単なる暗記教育を嫌悪する改革者でした。その改革は、平等主義的かつ包括的なデモクラシー概念と密接につながっていました。市民が教育を受け能動的でないかぎり、デモクラシーを維持することはできないと彼は考えていました。包括性という点に関しては彼はラディカルであり、人種や性を問わずすべての子どもたちを平等に教育すること、教育における階級差の根絶に真剣に取り組むこと、そして(アンチオークでは)学部の女性教員に男性教員と同等の給与を支払うことさえ主張したのでした。一八五二年にマサチューセッツでは、学校に通うことを義務づけるはじめての州法が成立しましたが、これは彼の影響によるものでした。

マンはいくつかの点で、私たちがこれまで取り上げてきた改革者たちと教育観を共有していました。非効率的で権威的な教授方法を拒絶し、型通りの勉強よりも理解を追求しました。しかし彼が強調したのはほとんどの場合、読み書き計算の基礎能力でした。したがって権威主義的な教師(とりわけ、聖書に基づく教育を行なうドグマ的な宗教教師）に対する彼の批判は、そうしたやり方で読み書きを教えても明らかにうまく行かないと指摘するだけで、やや限定的なものでした。子どもに読んでいるものを理解させることの重要性を彼が強調したのは、問いかけたり考えたりすることに内在する価値を訴えるというよりは、理解せずにただ模倣するだけでは子どもは読めるようにならないからでした。

アンチオークで、最晩年に至るまで彼のラディカルな包括的教育は続けられました（アンチオークは男女をまったく平等に教育した合衆国で最初のカレッジであり、白人と黒人の学生を平等に教育した最初のカレッジのひとつです）。その間に、彼のソクラテス的な取り組みは次第に明確になっていきました。アンチオークは教室での議論を重視した最初のカレッジであり、学部教員の指導のもと個人で研究する枠組みさえも提供しました。

要するに、マンは偉大な実践的改革者であり、民主的な教育の強力な主唱者だったのです。ただ少なくとも学校教育に関するかぎり、彼が重視したのは何よりも基礎技能であって、教室においてソクラテス的かつ民主的な価値を追求する取り組みは、私たちが歴史をたどりながら論じてきた人物たちに比べると、中心的でもなければ熟慮されたものでもありませんでした。したがって、残念ですが私たちはここで彼のもとを離れ、実質的にすべてのアメリカの教室にソクラテスを持ち込んだ一人の思想家へと向かうことにしましょう。

間違いなくもっとも影響力を持ち、理論的にも傑出していたアメリカのソクラテス的教育実践者であったジョン・デューイ（一八六二―一九五二年）は、アメリカにおいてほとんどすべての学校の自らの役割に対する理解を実質的に一変させました。アメリカの初等および中等教育にはさまざまな欠陥があるかもしれませんが、子どもに多くの事実を詰め込み、くり返させたところで教育にはならないという共通理解はあります。子どもは自らの頭で考え、好奇心に富んだ批判精神をもって世界と向かいあうことを学ぶべきだ、というわけです。デューイは巨大な哲学者ですから、ルソーの場合と同じように、彼の教育実践を支える洗練された諸概念に深く立ち入ることは不可能でしょうが、少なくとも、彼がデモクラシーの市民精神とソクラテス的教育とをどのように関連づけていたかについてはおおまかな理解を得ることができます。

これまで見てきた理論家たちとは違い、デューイは繁栄するデモクラシーのなかで生き、教えました。そのため、能動的で好奇心に富み、批判的で互いに尊重しあう民主的な市民を作り出すことこそが、まさに彼の目標だったのです。デューイは古典的な「偉大な書物」を警戒していたにもかかわらず――そうした書物は権威と化し、その名を挙げることで事足りて真の知的な活動がおろそかになりかねないと考えていたからです――ソクラテスは彼の思想の源泉でありつづけました。ソクラテスはデモクラシーに対する理性的かつ批判的な取り組みを導入したからです。もうひとつの重要な思想の源泉はフレーベルでした――優れた先駆者たちについてめったに書こうとしなかったデューイが、フレーベルの思想についてはずいぶんと力を入れて説明しています(4)。

デューイにとって従来の教育方法の大きな問題は、学生の受動性を助長してしまっていることでした。学校は、聞き、吸収するための場所だとされ、聞くことのほうが、分析し、検証し、能動的に問題を解決することよりも優先されていたのです。学生に受動的な聞き手になれと求めることは、彼らの能動的な批判能力の発達を妨げるどころか、そうした能力を確実に衰退させます。「知的な渇望、注意力、そして問いかける態度を持たずに子どもが本を読むと、結果は決まって嘆かわしいものになる。愚かしいほど本に依存するため、思考と探求心の活力が弱まり、麻痺してしまうのだ」。人生にとっても一般的に好ましくない、そうした卑屈な態度は、デモクラシーにとっては致命的です。デモクラシーは注意深くて能動的な市民なくしては存続しないでしょうから。したがって子どもはただ聞く代わりに、物事を理解し、それらについて思考し、問いを発するといったように、つねに何かを能動的に行なうべきなのです。自分の望む変化とは、「いくぶん受動的で惰性的な受容性と抑制から、快活で外向的なエネルギーへの変化だ」とデューイは言っています[5]。

若者を能動的にする最良の方法は、教室を外部世界と連続的につながる現実的な空間——現実的な問題が議論され、現実的な実践技能が喚起される場所——にすることだとデューイは信じていました。したがってソクラテス的問いかけは単なる知的技能ではなく、ひとつの実践的な取り組みであり、生活の現実的な諸問題に対する態度でもあったのです。デューイがつねに強調していたのは、よい学校

（4） Dewey, "Froebel's Educational Principles," in *The School and Society and The Child and the Curriculum* (Chicago: University of Chicago Press, 1990), 116–131を参照のこと。〔デューイ、宮原誠一訳『学校と社会』岩波文庫、一九五七年、第五章「フレーベルの教育原理」を参照のこと〕

（5） Dewey, *The School and Society*, 112–115.〔同右〕

では生徒たちは共通のプロジェクトに取り組み、敬意を持って、しかし批判的精神を失わず、みんなで解決していくことで、市民精神の諸技能を学ぶという事実でした。協同作業には、肉体労働やその他の職業に対する敬意を教えるという付加的な価値もあると彼は信じていました。旧来の学校は、机仕事のほうを好むエリート主義的な偏向を助長することが多かったからです。ですからデューイのソクラテス主義は、机上の議論のテクニックではありませんでした。それは、現実世界の諸問題と身近にある実際的な計画を他の子どもとともに理解しようとする、生活の一形態だったのです。教師の指導はありましたが、外側から権威が押しつけられることはありませんでした。

一般的に生徒たちはまず、料理、機織り、庭仕事といった身近にある特定の実際的な課題に取り組むことから始めるのがふつうでした。こうした身近な問題を解決していくうちに多くの問題へと導かれていきます。この素材はどこから来ているのか？　誰が作ったのか？　どのような労働形態を経て私たちのもとに届けられたのか？　そうした労働形態の社会的な組織化について、私たちはどのように考えるべきなのか？（綿布を織るには、どうしてこれほど大変な準備がいるのか？　そうした実際的な問題は奴隷労働とどのように関わっていたのか？　問いはさまざまな方向に広がっていくでしょう。(6)）

要するに、ソクラテス的問いかけは現実の出来事から発展します。子どもたちはそうした出来事と彼ら自身の活動を「出発点」として扱うように導かれます。(7)同時に、綿糸の生産がこのようにあらゆる複雑な問題に結びついていると知ることによって、子どもたちは肉体労働そのものがはらむ複雑な意味を理解し、そうした労働に対する新しい態度を身につけるのです。しかも受動的に話を聞くのではなくて、自らの(社会的)活動を通して学ぶのです。このようにして子どもたちは市民精神の雛型を作り、そうした精神について学ぶのです。デューイの実験はアメリカの初期教育に深い影響を与えました。彼が強調した世界の相補的なつながりと、彼が芸術を重視したことの影響も同じく大きなものなのですが、前者については第五章で、そして後者については第六章で論じることにしましょう。

これまではヨーロッパと北米で広範な影響を与えたソクラテス的方法について話してきました。しかし、初期教育におけるソクラテス的手法が見られるのはそうした地域だけだと考えるのは間違っています。インドのロビンドロナト・タゴールは密接に関連した試みを行ない、コルカタ郊外のシャンティニケトンに学校を創設したあと、すでに述べたように、その延長線としてヴィシュヴァ・バーラティという人文系の大学を作ったのでした。しかし二十世紀初頭のインドでは、何もタゴールだけが実験的な教育者だったわけではありません。同じような進歩的な小学校が、ジャミア・ミリア・イスラミアというリベラルな校風の大学に付属して設置されました。この大学を創設したイスラム教徒たちは、コーラン的伝統にはソクラテス的な学習が不可欠であると考えていました(8)。こうした実験はどれも、女性と子どもに関する伝統法や慣習の改革と密接につながっていました。つまり、結婚の承諾

(6) Ibid., 20–22. そこでデューイは、綿糸を作るという一見単純な課題から、どれほど多くの複雑な歴史的、経済的、科学的な概念を引き出しうるか示している。
(7) Ibid., 19.
(8) Nussbaum, "Land of My Dreams: Islamic Liberalism under Fire in India," *Boston Review* 34(March/April, 2009), 10–14を参照のこと。

年齢を引き上げ、女性の高等教育を可能にし、究極的には新しい国家において女性に完全な市民権を付与しようという改革です。このような改革運動は多くの地域に存在していました。とはいえ、タゴールの実験はそうした試みのなかでももっとも広範な影響を持ったものでしたから、これに焦点を当てることにしましょう。

一九一三年にノーベル文学賞を受賞したタゴールは、さまざまな異なる分野において世界レベルの才能を持った数少ない者の一人でした。詩でノーベル賞を受賞しましたが、長篇および短篇小説、脚本の素晴らしい書き手でもありました。さらに驚くべきことに、画家でもあり、その作品は年々評価を高めていますし、ベンガル文化においていまだに深く愛されている二千以上の曲――インドとバングラデシュがのちに国歌として採択した曲も含まれます――を書いた作曲家にして振付家でもありました。その仕事は、イサドラ・ダンカンのようなモダンダンスの創始者らによって研究され(ダンカンのダンス技法もまたタゴールに影響を与えました)、彼のダンス劇をどうしても観たいと、ヨーロッパおよびアメリカのダンサーたちが彼の学校にまでやって来ました。タゴールはまた素晴らしい哲学者でもありました。その『ナショナリズム』(一九一七年)は、近代国家についての思想に大きく貢献しました。『人間の宗教』[5](一九三〇年)では、より包括的な共感能力を培うことによってしか人類は進歩を遂げられないし、この能力は、グローバルな学習、芸術、ソクラテス的な自己批判を重視する教育によってしか養われないと論じられています。タゴールの持つこうしたさまざまな天与の才のすべてが、彼の学校のプランや日常生活に影響を与えていました。そこはおそらく何にもまして、詩人にして芸術家である者が建てた学校、芸術というものが人格の十全な発達にとってどれほど重要であるかを理解している者の学校でした(9)。学校のこうした側面については第六章で論じたいと思いますが、彼のソクラテス的実験は、そうした側面によって形成された環境のなかで展開されたことに留意する必要があります。彼の見るところでは、すっかり硬直化した抑圧的伝統が男女を問わず人間の潜在能力の十全な実現を妨げており、そうした伝統への憎悪から彼の学校はソクラテス的側面と芸術的側面の両方を発展させることになったのでした。

タゴールは社会階層を同じくする多くの人たちと同様、西洋の思想および文学に通じていました(彼は十五歳のときにシェイクスピアの『マクベス』をベンガル語に翻訳しています)。彼の教育哲学はおそらく若干ルソーの影響を受けていますし、その思想の多くには、フランスのコスモポリタン的な思想家オーギュスト・コント(一七九八―一八五七年)の影響が見られます。コントはジョン・スチュワート・ミルにも影響を与えており、ミルはコントについて本を一冊書いています(10)。ですからタゴールとミルは従兄弟だと言ってもいいでしょう。タゴールの「人間の宗教《レリジョン・オブ・マン》」という考えは、ミルの

〔5〕 タゴール、森本達雄訳「人間の宗教」『タゴール著作集第七巻哲学・思想論集』第三文明社、一九八六年。

(9) Kathleen M. O'Connell, *Rabindranath Tagore: The Poet as Educator* (Kolkata: Visva-Bharati, 2002)を参照のこと。〔タゴールの人生と作品について日本語で読めるものとしては、丹羽京子『タゴール』清水書院、二〇一一年がある〕

(10) *Auguste Comte and Positivism* (London: Westminster Review, 1865).〔J・S・ミル、村井久二訳『コントと実証主義』木鐸社、一九七八年〕

「人間性の宗教《レリジョン・オブ・ヒューマニティ》」という考え方と似ていますし、両者の根幹にあるのは包括的な人間的共感という コントの考え方です。タゴールとミルは因習の専制を憎悪していた点でも似ていますし、ともに個人の自由の力強い擁護者でした。

タゴールはなんらかの西洋思想の影響を受けていたかもしれませんが、逆方向の影響のほうがより顕著です。彼の学校には、ヨーロッパと北米から数えきれないほどの芸術家、ダンサー、作家、教育者たちが訪れ、タゴールの発想を故郷に持ち帰ったのでした。タゴールは、彼の試みを見学するためにシャンティニケトンを訪れたマリア・モンテッソーリと会い、文通をしています。レオナルド・エルムハーストはタゴールの学校で数年過ごしたのちイギリスに帰国し、芸術を重視した点で進歩的だったダーティントン・ホール――この学校は、私が擁護しているタイプの教育をいまでも牽引しています――を設立したのでした。タゴールはジョン・デューイにも影響を及ぼしたかもしれません。デューイが自分の受けた影響について語ることはめったになかったので、こうした関係性を跡づけるのは困難ですが、タゴールがイリノイでかなりの期間を過ごしたことは知られています(イリノイ大学で農業を勉強していた息子を訪れたのです)。まさにその時期に、デューイはラボラトリー・スクールを創立しようとしていました。いずれにせよ、影響のあるなしにかかわらず、批判的思考と芸術についての二人の考え方は密接につながっています。

タゴールは通った学校がどれも嫌いで、いずれもすぐにやめてしまいました。彼が嫌ったのは暗記学習であり、生徒が既成の文化価値の受け皿扱いされていることでした。タゴールの長篇、短篇、脚本には、過去に挑戦し、より大きな可能性を求めて生きていく必要性がくり返し描かれています。暗記学習を彼がどう思っていたかについては、「オウムの訓練」と呼ばれる伝統教育についての寓話を読めばわかります(11)。

ある王が美しいオウムを飼っています。王はオウムを教育せねばならないと思い至り、帝国全土から賢者を呼び集めます。彼らは教育方法について、とくに教科書についてえんえんと議論をします。「私たちの目的のためには教科書はどれだけあっても足りない！」と彼らは言います。鳥は金の籠という美しい校舎を手に入れます。教師の賢者たちは王に、彼らが考案した印象的な教育方法を提示します。「方法があまりに素晴らしいので、それに比べると哀れな鳥は愚かしいほど無価値に見えました」。そしてさらに「片手には教科書、もう一方の手には棒切れを持って、賢人《パンディット》たちは哀れな鳥にレッスンなるものを与えたのでした！」

ある日、鳥は死にます。しばらくの間、そのことに誰も気づきません。王の甥が知らせにやって来ます。

甥は言った。「陛下、鳥の教育が完成しました」

「鳥は跳ねるか？」と王が訊いた。

(11) V. Bhatia の翻訳による *Rabindranath Tagore: Pioneer in Education* (New Delhi: Sahitya Chayan, 1994). この章の以降の引用はすべてこの翻訳による。

「いいえ、一度も！」と甥は答えた。

「飛ぶのか？」

「いいえ」

「鳥を連れてきなさい」と王が言った。

鳥が王のもとに運ばれた……。王は指で鳥の体をつついた。なかに詰め込まれた本の頁だけがかさこそと鳴った。

窓の外では、芽吹いたばかりのアショーカの葉のあいだを通う春のそよ風のざわめきが、四月の朝を物憂いものにしていた。


シャンティニケトンのタゴールの学校の生徒たちはそのような悲しい運命とは無縁でした。そこでの教育は全体として、ただ伝統に追従するのではなく、自分自身でものを考え、文化と政治の選択に力強く参加する能力を養うものでした。そしてタゴールは、女性に不平等にも課せられた時代遅れの慣習の重荷にとりわけ敏感でした。実際、彼の戯曲と物語において鋭い探求を行なうのは女性です。自らの運命に対する不満につき動かされて、彼女たちは挑戦し思考するからです。彼のダンス劇「カードの土地」〔6〕では、その土地の住人たちはみなロボットのように振る舞い、彼らが身にまとったトランプのカードによって象徴されているような二次元的な生活を送るのです――女性たちが思考し問いを発するようになるまでは。このようにタゴールのソクラテス主義は、その振り付けと同じように女性の能力開発《エンパワメント》の熱烈な擁護によって、そして旧態依然たる学校での彼自身の不幸な体験によって形作られているのです。

タゴールが設立した学校は多くの点できわめて型破りでした。ほとんどすべての授業は野外で行なわれました。カリキュラム全般に芸術が織り込まれ、すでに述べたように才能ある芸術家と作家たちが学校に多数やって来て、実験に参加しました。しかしカリキュラムにおいても教育方法においても、ソクラテス的問いかけが中心にあって前面に押し出されていました。生徒たちは自分たちの日常生活を左右する決断について熟慮し、率先してミーティングを行なうように促されていました。シラバスを読むと、学校は子どもが知的な自信と自由を探求するよう促される自律的な共同体としてくり返し描かれています。あるシラバスのなかでタゴールはこう書いています。「精神は、完全に自由な探求と経験から印象を受けとるであろう……そして同時に、自分自身で考えるよう刺激を受けるであろう……私たちの精神が真の自由を獲得するのは、知識のための材料を手に入れ、他の人々の考えを所有することによってではなく、自分なりの判断の基準を作り上げ、自分なりの思考を生み出すことによってなのだ(12)」。彼の活動についての証言によれば、彼はくり返し生徒たちに問題を提示し、ソクラテスのように問いを投げかけることで彼らから答えを引き出していたそうです。

タゴールがソクラテス的問いかけを刺激するために使ったもうひとつの手段は、役割を演じさせる

〔6〕 タゴール、大西雅幸訳「カードの国」『タゴール著作集第六巻戯曲集』第三文明社、一九八二年。
(12) O'Connell の *Rabindranath Tagore* に引用されている。

ことでした。子どもたちは自分のものの見方の外に出て、他の人の立場に立つよう促されたのです。そうすることで、他の知的な立場を試し、そうした立場を内部から理解する自由が子どもたちに与えられるのです。ここで、タゴールがソクラテス的問いかけと想像力による共感とのあいだに作った密接なつながりがはっきりしてきます。つまりソクラテス風に論じるには、他者の立場を内側から理解する能力が必要であり、しばしばそうした理解がソクラテス的なやり方で伝統に挑戦する新しい刺激を与えてくれるのです。

歴史的な寄り道をすることで、ソクラテス的価値を活用してある種の市民――能動的で、批判的で、好奇心に富み、権威と周囲の圧力に抵抗することのできる市民――を生み出す伝統が息づいていることが明らかになりました。しかしこうした歴史的な例は、何がなされてきたかは示してくれますが、いまここにいる私たちが今日の初等中等教育で何をなすべきか、私たちに何ができるかについては教えてくれません。ペスタロッチ、オルコット、タゴールの例は有用ではありますが、きわめて一般的なものです。こうした例は、どのような学習計画を立てれば議論の論理的構造を理解し、間違った推論に気づき、曖昧さを回避する能力を子どもから引き出し、これを伸ばせるのかについては――要するに、年齢にふさわしいレベルで、タッカーの教師たちが彼のカレッジでのコースで行なったことをどうすれば実行できるのかについては――今日の平均的な教師にはあまり教えてくれません。実際、タゴールの試みの大きな欠陥のひとつは――ある程度はペスタロッチとオルコットにも見られるものですが――、彼がいなくても他の者たちが続けられるような方法を規定していなかったことです。もちろん規定を作るというのは、権威の死した手から自由を創出することが望まれているときには、デリケートな問題ではあるのですが。フレーベルとデューイはより明確な指針を与えています。彼らは単に理論化するばかりではなく、初期教育の一般的な手順を推奨してもいて、それらを異なる時代と場所に生きる他の人々が模倣したり作り直したりして大きな成功を収めているからです。しかしデューイは、どのようにして年齢の異なる子どもたちにソクラテス的な批判的な思考を教えればよいかという問題に、体系的に取り組んだことはありませんでした。したがって彼の提案は一般的なものにとどまっており、教室でこうした手法を生かせられるかもしれないし生かせられないかもしれない、実際の教師たちによって補足される必要があるのです(13)。

しかしソクラテス的なやり方で教えたい教師たちには、現代でも実際的な指針となるものがあります(これはもちろん、子どもたちが一日中、能動的で好奇心に富んだ参加者となるソクラテス的教室を形作るための全般的プログラムのほんの一部でしかないはずですが)。哲学者マシュー・リップマンの手になる一連の著作のなかには、ソクラテス的教育法についての非常に有用な、しかし権威的ではない助言が見出されます。リップマンの「子どものための哲学」カリキュラムは、ニュージャージ

(13) マリア・モンテッソーリ Maria Montessori(1870–1952)は、偉大な教育者にして、ペスタロッチの継承者、タゴールの対話相手であったが、学校での振る舞いをあまりに細かく規定したので、彼女に触発された世界規模での教育運動は、彼女が与えた指針と彼女の権威によっていくぶん硬直化してしまった。

ーのモンクレア州立大学での「子どものための哲学推進研究所」で発展してきたものです。リップマンの出発点にあるのは、幼い子どもは問いを抱く能動的な存在であり、その探求する能力は尊重され、いっそう伸ばされるべきだという確信です――これはヨーロッパの進歩的伝統と彼が共有する出発点です。そしてまた、彼と同僚の哲学者ギャレス・マシューズは、子どもには興味深い哲学的思考が可能であり、子どもはただ単にある段階から別の段階へとあらかじめ定められた道を辿るのではなく、人生の大問題を能動的に考えるのであり、子どもがそうやって得た洞察を大人は真剣に受け止めなくてはならないという考え方を共有しています。(14)

リップマンはまたこうも考えています。早い段階で思考の論理的特性にきわめて明確な注意を傾けることは子どもにとって有益である。子どもは自然に論理的構造を辿ることができるが、たいていの場合そうした能力を伸ばすためには導きが必要とされる。彼の一連の著作――そこでは決まって、複雑な考えが、物事を自分の頭で考える子どもについての面白い物語を通して提示されます――には、論理構造に注意を向けることが日常生活において、そして根拠のない偏見とステレオタイプに対抗するうえで、どれほど役立つかがくり返し提示されています。彼の最初の著作『ハリー・ストットルマイヤーの発見』からこの基本概念を如実に示す二つの例を見てみましょう。ハリー（彼の苗字はむろんアリストテレスへの言及であり、〔7〕さらにアリストテレスが――そしてハリー自身が――、発見した三段論法のことを示唆しています）は、いくつかの文で遊んでいるとき、「ひっくり返す」ことのできない文が存在することに気づくのです。「すべての樫は木である」は正しいのに、「すべての木は樫である」は正しくない。「すべての惑星は太陽の周囲を回る」は正しいのに、「太陽の周囲を回るすべてのものは惑星である」は正しくない。ハリーは自分の発見を友達のリサに話します。しかし彼女は、「文をひっくり返すことはできない」と言うのは間違いだと指摘します。「No」で始まる「いかなる～も……ではない」という文は違った働き方をするからです。「いかなる鷲もライオンではない」は、「いかなるライオンも鷲ではない」としてもやはり正しいのです。二人は楽しそうにさらに言葉のゲームを続け、自分たちの力で問題を整理しようと頑張ります。

その間に現実生活が介入してきます。ハリーの母親は隣人のオルソン夫人に話しかけます。オルソン夫人は、新しく隣に越してきたベイツ夫人に関して悪い噂を広げようとしているのです。「ほら、あのベイツさんだけど、毎日酒屋に入るのを見かけるわ。お酒をやめられない不幸な人たちのことを私がどんなに心配しているかご存知でしょう? ああいう人たちは毎日酒屋に行くのよね。だから、もしかしたらベイツ夫人も、って思っちゃうのよ……」

ハリーは思いつきます。「オルソンさん、おばさんの言うとおりだと、「お酒をやめられないすべての人」は「酒屋に行く人」になっちゃうけど、だからと言って「酒屋に行くすべての人」が「お酒を

(14) Gareth Matthews, *Philosophy and the Young Child* (Cambridge, MA: Harvard University Press, 1982) 及び *Dialogues with Children* (Cambridge, MA: Harvard University Press, 1984) を参照のこと。〔この二冊は、ガレス・B・マシューズ、鈴木晶訳『子どもは小さな哲学者』新思索社、一九九六年のなかに含まれている〕

〔7〕〈ストットルマイヤー〉は、アリストテレスの英語読みであるアリストットルと響きが似ている。

やめられない人」だってことにはならないよ」。ハリーの母親は余計な口出しをしてはいけませんと注意しますが、その表情から自分の発言に母が満足していることがハリーにはわかります。

論理とは現実的なものであり、しばしば人間関係を規定します。まさに誤った推論を通して、多くの中傷やステレオタイプは機能するのです。誤りを見つけ出す能力は、民主的な生活をよくするもののひとつなのです。

ハリーと友達のトニーは、先生と一緒に「どの every」と「だけ only」との違いを勉強しています。「どの」は「すべて all」のように、ひっくり返せない文を作ります。僕が数学が得意だから、父さんは僕に父さんみたいなエンジニアになってもらいたいんだって、とトニーはハリーに言います。トニーは父親の論法にはどこか問題があると感じていますが、それが何なのかはっきりわかりません。ハリーにはわかります。「すべてのエンジニアは数学が得意な人である」からといって、「数学が得意なすべての人はエンジニアである」とはなりません──あるいは、ほぼ同じ意味ですが、「エンジニアだけが数学が得意である」とはなりません。トニーは家に帰ると、父にこの話をします。すると幸運にも父は、職業についての助言に息子が納得していないことに腹を立てたりせず、むしろ息子の鋭さに感心するのです。父はトニーがこの状況を図に表わすのを手伝ってくれます。大きな円が、数学の得意な人たちを表わします。そのなかのより小さな円が、エンジニア──やはりみんな数学が得意ということになります──を表わしています。しかし、大きな円のなかには明らかに別のもののためのスペースがあります。「おまえの言うとおりだ」とかすかな笑みを浮かべてトニーの父は言います。

「まったくお前の言うとおりだよ」(15)

いま挙げた話はみな、十歳から十四歳の子ども向けにリップマンが書いたシリーズの第一巻の最初の数頁で起こるのです。シリーズはだんだん複雑になり、精神、倫理など異なる領域もカバーするようになっています。全体の構成、その原理および教育的使用法については、教師向けの『教室での哲学』という本できちんと説明されています(16)。この本では教師の養成法と、この分野の修士課程の骨子についても論じられています。シリーズは全体として、独力でプラトンによるソクラテスの対話篇を勉強するようになるところ——ほぼビリー・タッカーのクラスのスタート地点です——まで生徒を導いていくことを目指していますが、ソクラテス的技術に普段から接している子どもであればもっと早く到達できるでしょう。

このシリーズはアメリカの子どもたち向けのものです。その魅力の一端は、親しみやすさと全体からにじみ出る優しいユーモアにあります。ですから、これは文化の違いに応じて書き換えられるべきでしょうし、異なる文化においては違うヴァージョンが書かれる必要があるでしょう。大切なのは、この種のものが入手できること、ソクラテス、ペスタロッチ、タゴールらが行なったようなことをや

(15) Matthew Lipman, *Harry Stottlemeier's Discovery* (Montclair, NJ: Institute for the Advancement of Philosophy for Children, 1982), 1–14.
(16) M. Lipman, A. M. Sharp, and F. S. Oscanyan, *Philosophy in the Classroom* (Philadelphia: Temple University Press, 1980).

りたいと思う教師は彼らのような独創的天才である必要はないと知っておくことです。フランチャイズされた方法のなかには、活力に乏しく、それ自体が過度に指示的なものがあります。誤用されたためにそのようになってしまうものもあります。しかしこのシリーズの場合は、本そのものにあるユーモアと新鮮さ、そして子どもへの敬意が、誤用に対する強力な防波堤となっています。言うまでもなく、本だけでは教育のソクラテス的アプローチは完全なものにはなりません。学校と教室における雰囲気全体に、子どもの能動的な知力に対する敬意が浸透する必要があります。そのためにデューイはとりわけ強力なガイドとなります。しかしこれらの本は、そうした教育の一要素をわかりやすく生き生きとしたやり方で提供してくれているのです。

初等および中等教育の教室をソクラテス的なものにしたいという希望は単なる夢想ではありませんし、そのために天才を必要ともしません。それは、子どもの知性および発展する民主的な社会が必要とするものを尊重するあらゆる共同体にとって、十分に手の届くところにあります。しかし現在、何が起きているでしょうか？　多くの国々でソクラテスは一度も流行ったことがないか、ずっと昔に時代遅れになっているかです。インドの公立学校の大部分は、タゴールや他のソクラテス的教育者たちの達成から何の影響も受けていない、丸暗記重視のひどい場所です。アメリカ合衆国はそれよりはある程度はましです。デューイと彼のソクラテス的実験が広範な影響を及ぼしてきたからです。しかし事態は急速に変化しつつあり、この本の最終章では、私たちがどれほどソクラテス的理想の崩壊へと近づいているかが明らかになるでしょう。

世界中の民主的な社会は、デモクラシーを活発で、尊敬に値し、責任のあるものとして維持していくために私たちの誰もがひどく必要としている諸技能を過小評価し、結果的におざなりにしています。

第5章

世界市民

だから我々は努力し、一生懸命働くことで、夢を実現しなくてはならない。それはインドにとっての夢なのだが、世界にとっての夢でもある。今日ではあらゆる国家と国民が互いに密接に結びついており、自分たちが独自に生きていけるなどとは誰にも想像できないからだ。平和は分割できないと言われているが、自由も繁栄も分割できないし、もはや孤立した断片に引き裂かれることのできないこのひとつの世界においては、災厄もまた分割できないのだ。

——ジャワハルラール・ネルー、インド独立前夜の演説、一九四七年八月一四日

＊

突然、異なる人種を隔てていた壁が消え去り、我々は向かい合っていたのだった。

——タゴール『人間の宗教』一九三一年

地理、言語、国籍の違いという溝越しに人々が互いに向かい合っている世界に私たちは生きています。過去のどの時代にも増して、私たちの誰もが、一度も会ったことのない人々に依存し、彼らもまた私たちに依存しています。経済にせよ、環境にせよ、宗教にせよ、政治にせよ、解決すべき問題はグローバルな規模になっています。かつては遠く離れていた人々がひとつになり、以前とは異なるやり方で協力しあわないかぎり、そうした問題が解決される見込みはありません。地球温暖化、適切な貿易ルール、環境と動物種の保全、核燃料の将来と核兵器の危険、労働運動と適切な労働基準の確立、人身売買や性的虐待、強制労働からの子どもの保護といった問題を考えれば明らかです。真剣に取り組むためにはどれも多国間での議論が必要です。こうした問題は挙げていけばきりがないでしょう。

また、このグローバルな相互依存の外にいる人は一人もいません。グローバル経済は私たち全員を遠いところにある生活と結びつけてきました。消費者としての私たちのごく単純な決断が、私たちの使用する製品の生産に関わっている、遠い国の人々の生活水準に影響を及ぼしているのです。私たちの日常生活がグローバルな環境に圧力をかけているのです。私たちが日々遠くの人々の生活にどのようにしてさまざまな影響を与えているかについて、現実から逃避して知らないふりをするのは無責任です。したがって教育によって、私たちは自らを単なるアメリカ人やインド人やヨーロッパ人ではなく、由緒ある表現を使えば、「世界市民」と見なすようになり、グローバルな議論においてきちんと役割を果たせるようになるべきです。

しかしながら、世界の学校や大学には国際的な協力をサポートする良質な基盤がないので、人的交流を媒介するのは、人間の生命を何よりも利潤獲得のための道具と見なす市場交換の薄っぺらい規範になりがちです。ですから、世界の学校や大学には重大かつ火急の課題があります。それは、自分自身を不均質な国家(近代国家はどれも不均質なものだからです)の一員であり、さらにはもっと不均質な世界の一員だと捉える能力、世界に暮らす多様な集団の歴史と特性についてある程度理解する能力を学生が養うことです。

教育のこうした側面に必要とされるのは、ほんの三十年前なら学生がほとんど知らなかった――少なくともアメリカ合衆国ではそうでした――事実に関する多くの知識です。つまり自分の国を構成する(エスニシティ、国籍、宗教、ジェンダーに基づく)さまざまな下位グループについての、その達成、闘争、そして貢献についての知識。自国以外の国家や伝統についての同じように複雑な知識(若者に教えられてきたのはつねに世界のごくわずかな部分であり、どの地域も同じように重要であるとして、主要な国家と地域について体系的に教えられるようになったのは、ごく最近のことなのです)。知識があるからといって、よい振る舞いが保証されるわけでありません。しかし無知はほぼ確実に悪い振る舞いをもたらします。単純な文化的・宗教的ステレオタイプが世界には溢れています。たとえばイスラムをいとも簡単にテロと結びつけるように。こうしたステレオタイプと闘うための第一歩は、非常に早い段階から生徒たちに、正確な事実および敬意に裏打ちされた好奇心を媒介として、世界との違う関わり方を確実に学ばせることです。さまざまな集団や国家間の相互理解を困難にする差異と、共通の問題を解決するための相互理解を不可欠なものにしている誰もが持つ欲求と関心の双方を、次第に理解していかなければならないのです。

知的な世界市民精神を教えるという課題はあまりにも大きく、両手を上げて、そんなの無理だ、いままでどおり自分の国のことだけを考えるべきだと言いたくなるかもしれません。もちろん自分の国を理解するときでも、自国を構成する集団について学ぶ必要がありますが、これまで合衆国ではそうしたことがほとんどなされてきませんでした。移民とその歴史について学ぶことも必要ですし、そうすれば当然、移民を送り出した他の地域の問題にも目が向くことになるでしょう。自国とその歴史をきちんと理解しようとするならば、その歴史をグローバルな文脈のなかに置かなくてはいけないことを誰もが認めるべきです。まともな自国史研究は世界史に関連づけられることを必要とするのです。しかし今日、私たちにとって世界史とグローバルな理解が必要なのは、それが自国の理解に必要だから、というだけではありません。私たちが直面している問題と私たちが背負った責任は、私たちが世界のさまざまな国家と文化をより詳しく体系的に学ぶことを必要としています。

たとえば、私たちの日常生活で使われている製品の出所を理解するには何が必要か考えてください。ソフトドリンク、衣類、コーヒー、食品。一昔前までは、民主的な市民精神を重視する教育者は、こうした製品を生み出した労働についての複雑な物語を――自国がどのようにその経済を、その雇用、報酬、機会のシステムを構築してきたかについてのレッスンとして――子どもたちに教えるべきだと強調したものです。この種の理解はいまも昔も市民精神にとっては大切です。それは私たちの社会を構成している異なる集団へと、その異なる労働と生活条件へと注意と関心を向けさせるものだからです。しかし今日ではこうした物語は、必然的に世界規模の物語になるのです。ごくありきたりのソフトドリンクであれ、その出所を理解しようとすれば、他の国々の人々の生活を考えざるをえませんし、その際にそうした人々の労働条件や、教育、労使関係などを問わなければ意味がありません。そしてそう問いながら、人々のそうした日々の生活環境を作り出している当事者として、当然私たちは彼らに対する私たちの責任を考えるべきなのです。私たちが消費者として重要な部分を占めている国際的なネットワークは、どのようにしてそうした人々の労働条件を形成してきたのか？　彼らにはどのような機会があるのか？　私たちは彼らの状況を生み出している因果関係のネットワークの一部であることをよしとすべきなのか、それとも変革を求めるべきなのか？　私たちが必要とするものを作っている外国の人々の生活水準を、私たちはどのようにして良質なものに向上させていくべきなのか——ちょうど、私たちがふだん自国の労働者に対してそうしなければならないと感じているように？

こうした問いについてきちんと考えるためには、若者たちは世界経済がどのように機能しているのかを理解する必要があります。そうした諸関係の歴史——過去における植民地主義の役割、最近の外国投資や多国籍企業の役割——を理解することも必要です。そうやってはじめて、ほとんどの場合は現地の住人によって選択されたのではない諸関係が、どんなふうにして彼らの生活の可能性を決定づけているかが見えてくるのです。

世界において民主的な社会が繁栄するためには、世界の数多くの宗教的伝統について理解することもまた重要です。(おそらくセクシュアリティを除けば)宗教ほど、相互の敬意と生産的な議論を阻害してしまう、他者を貶めるようなステレオタイプを人々に抱かせる領域はありません。子どもは他国や他宗教の儀礼、儀式、祭典に自然と興味を持つものです。ですから、早い時期からこうした好奇心を活用しながら年齢にふさわしい形で、世界のさまざまな伝統について話してやり、異なるバックグラウンドを持つ子どもたちに自身の信仰や慣習について語ってもらい、教室にグローバルな好奇心と敬意の感覚を全般的に作り出すというのはよい考えです。そうすれば子どもは、プロテスタントのアメリカ的価値を表現している古典的なアメリカの物語をつねに聞かされることもなく、折りに触れてヒンドゥー教や仏教の物語も聞くことになります(実際、ヒンドゥー教と仏教はもっとも急速に合衆国に広まりつつある宗教ですから、こうした事柄に触れることによって、よりよい世界市民精神ばかりではなく、よりよいアメリカ市民精神も育まれることになるでしょう)。世界とその数々の歴史と文化についての、より豊かで、よりきめ細かな知識を早い時期から与えるカリキュラムが注意深く組まれるべきです。

これまで検討してきた過去の例を見ても、こうした目標の重要性がわかります。インドのタゴールの学校に立ち返り、複雑に絡み合う世界における多元的国家にあって、彼がどのようにして責任ある市民を形成しようとしたのかを見てみましょう。タゴールは生涯にわたって、エスニシティおよび宗教上の対立の問題と国際協力の必要性について心を砕いていました。『ナショナリズム』では、インドが取り組むべきもっとも緊急の課題は、カーストと宗教による分断と、カーストと宗教のせいで人々がこうむっている不公正で屈辱的な扱いとを克服することだと論じています。『人間の宗教』では、その分析を世界レベルに拡大させて、世界の諸国家はいまや顔を突き合わせているのだから、互いを理解し、一致団結して人類全体の未来を追求することを学ばなければ破局は避けられないと論じています。第一次世界大戦の惨劇は、その大部分が文化的な失敗によってもたらされたのだとタゴールは信じていました。それは国家が、相互の理解と互恵性よりも支配を好むように若者を教育してしまったからなのだ、と。したがって協調と敬意の精神に基づく国際的な議論のできる人間を育成する、もっとまともな学校を彼は作ろうとしたのです。

したがってタゴールの学校は、人類全体の未来について責任を持って考えることのできる世界市民に生徒を育て上げるための戦略を発展させました。宗教やエスニシティを異にする集団の伝統について、幼いときから子どもたちを教育するというのが、重要なスタート地点となりました。さまざまな祭典は、ヒンドゥー教徒、キリスト教徒、イスラム教徒(1)のあいだの友情を祝うものとなり、異なる宗教の祭典を演じることを通して子どもたちはしばしば他宗教の慣習について学んだのでした(2)。生徒たちの教育が地域に根ざしたものとなるような努力がつねになされていたので、まずはベンガルの言語と伝統について確実な知識を与え、それからもっと遠い文化を肯定するべく子どもたちの視野が広げられていくようになっていました。

ヴィシュヴァ・バーラティは、タゴールが教養教育についての自身のプランを大学レベルにまで拡張するために創設した大学ですが、そこでは世界市民の概念はさらに発展させられ、緻密で分野横断的な世界市民性と理解を目指すものとして教育は捉えられていました。一九二九年のパンフレットにはこう書かれてあります。

カレッジの生徒たちには、既存の諸制度と、大衆の社会条件の改善のために世界のさまざまな国で開始された運動に馴れ親しむことが求められる。彼らの見解が平和の必要性によりふさわしいものとなるよう、国際的な諸機関について学ぶことも要求される。(3)

ここに提示されているのは、目指されている教育のほんの一端に過ぎませんが、タゴールの目標としたところと私が推奨しているものには多くの共通点があることがわかります。もっとも私の提案は彼のものに比べて、事実に即した正確な歴史的情報と専門的な経済理解をより重視しているところはありますけれど。

デューイもまた、子どもが学校に通いはじめたばかりの段階から世界的な市民精神のための教育を目指していました。歴史と地理は、現在の具体的な諸問題に適切に対峙できるように教えられるべき

(1) O'Connell, *Rabindranath Tagore*, 148.
(2) Amita Sen, *Joy in All Work* (Kolkata: Bookfront Publication Forum, 1999).
(3) O'Connell, *Rabindranath Tagore*, 148.

だと彼はつねに強調していました。経済史は生徒たちが学ぶべきことの重要な部分を構成していました。歴史というものが政治的・軍事的側面ばかりを重視して教えられたりすれば、民主的な市民精神は悪影響を受けることになるとデューイは信じていたのです。「経済史は、政治史に比べてより人間的、より民主的であり、それゆえ、より解放をもたらすものである。それが扱うのは、公国や権力の栄枯盛衰ではなく、自然を支配することを通してなされる、民衆の実際的な自由の拡大である。そうした人々のためにこそ公国や権力は存在するのだ」[4]。この発言は今日ではさほど驚くべきものではないように思われます。小学校の教室でどんなことがなされているにせよ、今日では歴史の専門家のほとんどが、経済史と社会史に大きな重要性を認めており、歴史学においては、日常生活と経済的交流に関するおびただしい数の優れた著作が書かれているからです。しかしながらデューイの時代には、彼の発言はラディカルなものでした。教育でも研究でも「権力と公国」こそが中心的主題だったからです。

デューイは自らの主張を実行に移しました。たとえば、彼のラボラトリー・スクールでは、まだごく幼い子どもでさえ、自分が毎日使っている物がどのような過程で生産されているかについて問うことを学んでいました。子どもたちは織物をしながら、材料がどこから来ているのか、どのように作られるのか、そしてどのような労働と交換の連鎖を経て教室までそうした材料が届くのかを学んだのです。ふつうはこのようにして、子どもたちは遠くの場所——自国の一部ではあるがほとんど知らなかった地域だけでなく、他の多くの国々——について知るようになるのです。子どもたちはまた、動物の世話や庭の手入れをすることで、日々そうした物を世話するのは実際にはどういうことなのかを学びました。こういった学びのほうが、教室でどれだけ人工的な「実例」を提示するよりも価値があり、子どもは世界の他地域における栽培や世話のありように好奇心を抱くようになるとデューイは考えていました。要するに、すでに見てきたように、子どもは学校で学ぶ事柄と結びつけて自分の日常生活を見るようになり、学校から日常生活にも役立つことを持ち帰るようになるのです。こんなふうに現実生活の諸活動を重視することは教育的にも有用であるとデューイは強調していました。子どもはただ受動的に教育を受けていたときよりも活発になり、関心も鋭くなるからです。「誰もが教育を受けて、おのれの日常の仕事のなかに含まれる大きな人間的意義のすべてを見出せるようになれば、なんと素晴らしいことであろうか(5)」

この文章から、デューイは人文学を否定しており、あらゆる学問は直接的で実用的な目的に役立つ道具であるべきだと示唆していると考えたりすれば、デューイを誤解してしまうことになるのがわかります。(ルソーと同様に)デューイが嫌っていたのは、人間生活から切り離された抽象的な学習でした。しかし彼の人間生活についての考え方は、深みがあって単純化できないものであり、意味、感情、

(4) John Dewey, *Democracy and Education* (New York: Macmillan, 1916, reprinted Mineola, NY: Dover, 2004), 207.〔デューイ、松野安男訳『民主主義と教育』全二冊、岩波文庫、一九七五年〕
(5) Dewey, *The School and Society*, 89, 11, 15, 24.〔デューイ、宮原誠一訳『学校と社会』岩波文庫、一九五七年〕

好奇心に富んだ人間関係を重視していました。

グローバルな市民を育成するための教育は、巨大で複雑な主題であり、歴史や地理の知見、学際的な文化研究、法および政治システムの歴史、宗教研究を必要とします――これらすべてが関連しあい、子どもが成長していくにつれてより洗練されたやり方で機能していくのです。こうした教育を行なうために要請されることもまた複雑です。デューイとタゴールは、子どもが幼い頃から能動的に学習することの重要性を正しく強調していました。子どもが成長する過程で、現実の生活や活動との結びつきを保ちながら理解をさらに理論的に洗練されたものにできるのです。それをどのように実践するかについての処方はひとつだけではなく、多くのやり方があるはずです。とはいえ、少なくともよくないやり方についてはいくつか指摘できます。

ひとつは、私が学校にいた頃の規範です。つまりアジアやアフリカについて、その歴史や文化を何も学ばず、キリスト教とユダヤ教以外の世界の主要宗教についても何も学ばないというものです。私たち生徒は、ラテンアメリカについては多少学んだものの、概してヨーロッパと北米にのみ目を向けていたのです。言いかえれば、世界を世界として見ていなかったということです。世界を構成する諸国家・諸国民の相互作用の力学を理解してもいなかったし、自分たちが日頃使っている製品がどこから来てどのように作られているかも理解していなかったということです。これでは、他国に対する公共政策について、貿易関係について、国境を越えたやり方で協力して対処すべき(環境から人権に至る)多数の問題について、責任を持って考えることなど無理な相談です。

世界の歴史を教えるもうひとつのよくないやり方は、インドのヒンドゥー右派が短期間権力を握った時期に採択した歴史と社会の教科書に見受けられます。それらの教科書は――ある意味では――世界全体を扱っています。しかし世界の歴史をヒンドゥー教の優越というイデオロギーによって解釈しているのです。ヒンドゥー文明は、世界の文明のなかでも卓越したものとして描かれています。ヒンドゥー教徒が他の民族と交わらずに生きていたときには、彼らの社会は理想的なものだったというのです。対照的に、イスラム教徒はつねに好戦的で、攻撃的で、インド亜大陸の問題は彼らがやって来たときから始まったと書かれています。加えて、教科書の記述によれば、ヒンドゥー教徒はインドのもともとの住人であったが、他のエスニック集団や宗教的集団はよそからやって来たことになっています。これは神話です。歴史言語学と物質文化の歴史がともに示しているように、インドのヒンドゥー教徒の先祖たちがよそからインド亜大陸に移住してきたのはほぼ確実だからです(6)。グローバルな理解は決して嘘によって促進されるものではありません。にもかかわらず、世界とそのさまざまな文化の歴史全体がこのような歪んだレンズを通して描かれているのです。

これは委任《コミッション》に関する誤謬でしたが、省略《オミッション》による誤謬もまた同じくらい深刻なものでした。つまり、カースト、階級、ジェンダーの差異が、かつてのインドの社会的不利益の原因であったことが教科書のどこにも記載されていないために、初期インドは、誰も他人に従属することのない平等で素晴

(6) Nussbaum, *The Clash Within*, 第七章を参照のこと。

らしい場所であったという間違った像を提示してしまっているのです。世界市民育成のためのあらゆる教育を裏打ちすべき批判的精神は完全に抑圧されていたのです。

さらに言えば、これらの教科書は教授法の点でもひどい代物でした。それは、歴史の物語が根拠とされるものからどのようにして構築されるかを教えてもいなければ、そうした根拠をふるいにかけたり吟味したりする技能も教えていませんでした。その代わりに丸暗記を推奨し、批判的思考を妨げ、インドには(ヒンドゥー教の栄光と完全無欠さという)ただひとつの正しい物語しかなく、まともな人であればそれに反論しないであろうと示唆していたのです(7)。

このひどい例と、FPSPI(Future Problem Solving Program International 未来問題解決プログラムインターナショナル)とモデルUNの素晴らしい例のおかげで、世界史、地理、文化研究が人間の発展を促すのは、探究的・批判的思考に富んだやり方で教えられる場合だけであることがわかります(モデルUNはこの種の学習を促進する素晴らしい方法ですが、多国間プログラムであるFPSPIも同様で、子どもたちは批判的思考と想像力を駆使してグローバルな諸問題の解決策を考案することを学びます)(8)。インドの場合と違ってかりに正しい事実を学生たちに提示しても、それらを単なる事実の羅列として教えてしまうと——そして、残念ながらこれが一般的なアプローチなわけですが——歴史は適切に教えられません。よい教え方とは、各種の情報源と証拠から歴史がどのようにして作り上げられるのかを子どもに教え、証拠をどのように評価すべきか、ある歴史の物語を他のものと突き合わせてどのように評価すべきかを学ばせるものです。批評もまた、学んだ内容について教室で議論するときに必要になります。文化史と経済を学ぶときには、権力や機会の差異について、女性やマイノリティの位置について、さまざまな政治組織の構造の利点と欠点について問いが立てられるべきなのです。カリキュラムの内容の点で世界市民という目標が示唆するのは、若い人たちはみな、時とともにより洗練された形で(政治史のみならず社会史、経済史にも焦点を当てて)世界史の基礎を学ぶべきであり、世界の主要宗教についてもステレオタイプに堕すことのない豊かな理解を得るべきだということです。

同時にまた、生徒たちは「専門化する」——つまり少なくともあるひとつのなじみのない文化的伝統についてより深く調べる——方法を学ぶべきです。そうすれば、あとから別の機会にも使える道具を手に入れられます。このことは学校においてはしばしば、生徒にある特定の国について調べさせることによってうまくなされています。私が幼かったときに受けた教育にはさまざまな欠点がありましたが、私の通っていた学校は専門的調査の大切さには敏感でした。五年生と六年生のときに、ウルグアイとオーストリアについて調べる宿題を課されたのですが、この二国については、南アメリカとヨーロッパについて概説的に学んだ内容よりもかなり多くのことをいまだに覚えています。私たちはこれらの国々の経済と貿易関係について、主要な輸出入の品目と国内生産物に限られたものでしたが、調べるようにまで言われました。

(7) 個々の記述のより詳細な分析については、Nussbaum, *The Clash Within*, 第七章を参照のこと。
(8) www.fpspi.org を参照のこと。

幼い子どもであっても経済原理を理解できはじめることに疑いの余地はありません。デューイは実に見事に、使っている日用品の出所とそうした物への人々のアクセスを決定している交換のメカニズムについて、子どもたちに詳しく考えさせていました。子どもたちが成長するにつれて、こうした知識をより複雑なものにしていけば、高校卒業までにはグローバル経済の仕組みについて十分に理解するようになり、消費者および有権者として根拠のある決断が行なえるようになっているでしょう。

世界市民育成のための学習で見過ごされている要素のひとつに外国語教育があります。生徒は誰もが少なくともひとつは外国語をしっかり学ぶべきです。他の知的な人間集団の世界の切り分け方がどのように異なっているのか、あらゆる翻訳はどのような点で不十分な解釈であるのかを知ることは、若者にとって文化的な慎みを学ぶかけがえのない教訓となります。概してこの点ではヨーロッパの学校はとてもうまく行っています。子どもが将来、実際に他の言語(たいていは英語)に流暢になる必要があると、学校側が意識しているからです。インドの学校もまた、多くの子どもが自分の母語を学びつつ、それに加えて英語を流暢に喋るようになることからも、この点ではかなりうまくやっています。しかも、母語がインドで広く使用されている言語(ヒンディー語、ベンガル語、タミル語)ではない生徒たちの多くはしばしば、さらにこうした主要な言語も学ぶことになります。一方アメリカ人は安心しきっており、英語さえ知っていれば大丈夫だと思い込みがちです。したがって私たちの学校はほとんどの場合、外国語教育を始めるのが遅すぎて、言語がもっとも容易に習得され深く身につく絶好の機会をみすみす逃しているのです。かりに学んでいる言語が比較的なじみのある文化の言語だったとしても、外国語がはらむ差異を理解することはかけがえのないものです。

　これまで他の国々を学ぶことについて述べてきました。では、自国についてはどうでしょう？　学生はやはり自国とその歴史についてはるかに多くの時間をかけるべきですが、世界市民として、つまり、経済的・政治的・文化的に他国や他民族と関係する複雑に絡み合った世界の一部として自国を捉えることのできる人間として、そうするべきなのです。国家それ自体に関しては、学生を励まして、国を構成する異なる集団やそれらの異なる歴史や独特な人生の機会について、興味を抱かせるようにしなくてはなりません。多元的なデモクラシーに生きるためにふさわしい教育は、多文化的でなければなりません。つまり学生に、自分たちと法律と制度を共有する数多くの異なる集団の歴史と文化について、何らかの基礎的な知識を与えるようなものでなくてはならないのです。そのような集団の区分としては、宗教、エスニシティ、経済、社会、ジェンダーが含まれるべきです。言語学習、歴史、経済、政治科学はみな、レベルの違いによって働き方は異なるものの、こうした理解を容易にするのに貢献してくれます。

　大学に入った学生は、より洗練されたやり方で世界市民としての各自の能力を伸ばす必要があります。学生の関心がビジネスであれ、工学であれ、哲学であれ、物理学であれ、世界市民の育成のための教育は、批判的思考と並んでカリキュラムの基礎教養科目の一部となるべきです。この段階で、歴史科目をより綿密でより複雑なものにできますし、歴史の方法論に着目し、証拠の吟味をより前面に出すこともできるでしょう。同様に比較宗教学の科目もまた、歴史的により包括的で、より洗練されたものにすることができます。

　同時にすべての学生は、もともと持っていた知識に基づいて、経済学の基礎的原理とグローバル経済の働きについてしっかりとした理解を築くべきです。通常の経済学の導入講義は、ともすればやや閉塞的で、他の経済理論やグローバル化の研究から原理や方法論を切り離したものになりがちですが、少なくとも核となる技術や原理についての知識を伝えてくれます。こうした講義は、歴史および政治理論の観点からなされるグローバル化や人間的諸価値についての講義によってうまく補完できます。同時に、歴史を学ぶ際に関わってくる概念のすべてを、哲学や政治理論の観点からなされる、社会的正義やグローバル正義の理論についての講義を通して、より深いレベルで理解することができるでしょう。幸運にもそれまで学校でソクラテス的な訓練を受けたことのある学生は、こうした哲学科目を受けるのにとりわけふさわしい位置にあるでしょう。しかしどんな学生であっても、私が本書で推奨しているような教育を受ければ、大学の段階で哲学を勉強することになるわけですから、しっかり準備のできた状態で、正義についてのより高度な科目を受けられるようになるでしょう。

　大学の段階では、「専門化する」必要はより明白になります。あまり知らない文化について学ぶためには、多くの場合、その文化の歴史と伝統についての深い知識を必要とするからです。そのときはじめて理解されるのです――階級、カースト、宗教の違いがどのようにして異なる人生の可能性を作り出すのか、都会生活は田舎の生活とはどのように違うのか、政治組織の形態の違いがどんなふうにして人間に異なる機会をもたらすのか、家族組織や男女の役割さえもが公共政策や法律によってどのようにして微妙に変容していくのかが。学生がこういったこと全部を、世界のすべての主要国について学ぶことは期待できませんので、よく知らないひとつの伝統について深く学ぶことがきわめて大切になります。ひとたび探求の仕方やどんな問いを立てればよいかを学びさえすれば、学生は学んだことを、（勉強するなかで扱っているかもしれない）世界の他の地域に当てはめることができるのです。

教養科目の枠組み、つまり専門の必修科目ではない全学生に開かれた一般教育科目群を持っていなければ、大学はグローバルな市民を作るような教育を行なうことはできません。インドのようにこの枠組みを持たない国家は、中等教育で同種の教育を行なおうとしていますが、責任ある市民を育成するにはまったく不十分です。もっと成長してからでしかできないようなより洗練された教育が、グローバルな諸問題や、自国の政治的選択についての説明責任を真に理解できる市民を養成するには不可欠だからです。教養科目の必要性は、この仕組みを持たない国々においてますます認識されつつあります。たとえばインドでは、名門の誉れ高い工科・経営大学が、全学生を対象とした人文学の基礎科目をまっさきに採択しています。ムンバイの工科・経営大学のある教授から聞いた話では、こうした科目は、宗教やカーストの出自を異にする学生同士の敬意に基づく交流を促進するのに、そして、そうした差異に敬意を持って向かい合わなくてはいけない社会に出ていく準備を学生たちにさせるのに、重要な役割を果たすと考えられているとのことです[9]。

（9）二〇〇八年三月（高等教育における積極的差別是正措置《アファーマティブ・アクション》についてのデリーでの学会の際）のD. Parthasarathyとの対話より。

グローバルな市民精神は本当に人文学を必要としているのでしょうか？　世界市民は事実に基づく多くの知識を必要としています。なるほど、人文学的教育を受けていなくとも、学生たちはそうした知識を得ることができるかもしれません。たとえば、ＢＪＰが使用していたような教科書――ただし不正確な事実を正確な事実に置きかえることは必要ですが――で事実をひたすら吸収することによって、そして経済学の基礎的技術を学ぶことによって。しかし責任ある市民はもっと多くのことを必要とします。それは、歴史的証拠を評価する能力、経済原理を批判的に活用し考察する能力、社会正義についての説明を評価する能力、外国語を話す能力、世界の主要宗教の複雑さを理解する能力です。事実に関わる部分だけであれば、私たちが人文学と結びつけてきた技能や技術なしでも伝えられます。しかし単なる事実のカタログは、これを評価する能力や、証拠から物語がどのように構築されるかを理解する能力を伴わなければ、無知と同じくらいひどいものになりかねないのです。こうした能力がなければ、生徒は政治家や文化的指導者が広める無知なステレオタイプと真実を、虚偽の主張と根拠のある主張を区別できないでしょうから。したがって世界史と経済的知見は、これが知的なグローバルな市民の養成に有用であるためには、人文学的かつ批判的なものでなくてはなりません。そして宗教や正義についての哲学理論とともに教えられなくてはなりません。そのときはじめて、世界史と経済的知見は公的な議論に有益な基礎を提供してくれるのです。そしてこうした公的な議論は、人類が直面している大きな諸問題を解決しようと私たちが協力する際に必要不可欠なものなのです。

第6章

想像力を養う
——文学と芸術——

知は私たちを強くするかもしれないが、私たちを豊かにするのは思いやりである。(中略)しかし学校においては、こうした思いやりの教育が組織的に無視されているだけでなく、厳しく抑圧されてもいる。

——ロビンドロナト・タゴール「我が学校」一九一六年

*

私が見ているのは、生きることや美や抽象的な人間の発明を大人が楽しむときのきわめて洗練された形態であると同時に、母親の口に手を伸ばしてその歯に触れ、それと同時にその眼を覗きこみながら彼女を創造的に見ている乳児の創造的な仕草であることが明らかになるだろう。私の考えでは、遊ぶことは文化的経験に自然につながるのみならず、その基礎を形作っている。

——ドナルド・ウィニコット『遊ぶことと現実』一九七一年

市民は、事実に基づく知識と論理だけでは彼らを取り巻く複雑な世界とうまく関わることはできません。これら二つの市民の能力と密接に関連している第三の能力は、物語的想像力とでも呼ぶべきものです[1]。これは、異なる人の立場に自分が置かれたらどうだろうかと考え、その人の物語の知的な読者となり、そのような状況に置かれた人の心情や願望や欲求を理解できる能力のことです。思いやりの涵養は、西洋諸国であれ非西洋諸国であれ、民主教育についてのもっとも優れた考え方の根幹をなしています。こうした涵養の多くは家族においてなされる必要がありますが、学校および大学も重要な役割を果たしています。この役割をしっかり果たしたいのであれば、学校は人文学や芸術をカリキュラムの中心に据え、他人の眼から世界を見る能力を活発化し洗練するような、参加型の教育を築いていく必要があります。

先述したように、子どもは生まれつき、未熟ながらも思いやりと関心の能力を持っています。しかし彼らのもっとも初期の経験においては、栄養と安寧に関する不安が強すぎて他者の現実がまだしっかり認識できておらず、強力な自己愛に支配されているのがふつうです。他者をモノではなく一個の十全な人間として見られるようになるのは、自動的になされることではありません。それは多くの障

(1) Nussbaum, *Cultivating Humanity*, 第三章を参照のこと。

害の克服を必要とするひとつの達成であり、そうした障害の最初のものが自己と他者をまったく区別できないということなのです。ふつう人間の乳児は、この区別が段々と明らかになるのをかなり早い段階で経験します。目に見えるもののある部分は自分の身体であり、他の部分はそうではないことを、触覚と視覚を組み合わせて理解するようになるからです。しかし、両親が自分の一部ではないことは理解できたとしても、両親にも思考と感情からなる内的世界があることが理解できない、その内的世界が子ども自身の行ないに対して何らかの要求を持つのがわからない、ということもあるのです。この時期にはいとも簡単に自己愛が支配的になり、他人を子ども自身の願望や感情を満たすための道具と見なすようになります。

他人に対して真の関心を抱けるようになるには、いくつかの前提条件があります。そのひとつは、ルソーが強調したようにある程度の実際的な能力です。自分でいろいろなことができる子どもは他人を自分の奴隷にする必要はありません。また子どもは、身体が成長するにしたがって、他人への自己愛的な全面依存から解放されるのがふつうです。二つめの条件は、嫌悪感と恥辱感について述べたときにも強調しましたが、完全な統制《コントロール》など不可能であり、よくもないということ、世界とは、誰しもが弱さを抱えた私たちが互いを支えあう方法を見つけなければならない場所であることを認識することです。この認識には、世界とは自分一人だけの場所ではないこと——そこには他人がいて、彼らには彼ら自身の生や欲求があり、またそうした欲求を追求する権利を持っていること——を理解する能力が必要になります。しかし、この二つめの条件を達成するのは複雑なことです。どのようにして人間は、形を持った他のモノが自分の欲求を満たすために動き回っていると考える段階から、世界をこのように捉えるようになるのでしょうか？

この問いに対するひとつの答えは、間違いなく私たちの生来の資質にあります。乳児と親が自然に笑みを交わすのは、相手に人間性を認めようとすることの表われであり、乳児はこうした認識からすぐに喜びを得るようになります。しかし別の答えは遊びに見出されます。遊びこそが、関心を持つのに必要不可欠な三つめの条件、すなわち他人の経験がどのようなものなのかを想像する能力を提供するのです。

想像力を駆使した遊びについてのもっとも影響力が大きく魅力的でもある学説のひとつは、イギリスの小児科医で精神分析医でもあったドナルド・ウィニコット（一八九六―一九七一年）のものです。ウィニコットは小児科医として長年多くの子どもたちを診てきたあとで――彼はその仕事を生涯続けました――精神分析を始めました。したがって彼の見解は、大半の精神分析家よりも豊富な臨床経験に裏打ちされています。彼自身もこのことをしばしば強調し、自分の関心は症状を治すことではなく、感情を持った生身の人間全体を扱うことにあると言っています。その起源がどこにあるにせよ、子どもの発達過程における遊びについての彼の見解は、大きな文化的影響を幅広く及ぼし、しかもそれは、既存の精神分析の概念に最初から依拠したものではありませんでした（たとえば、ウィニコット本人が信じていたように、チャールズ・シュルツの漫画『ピーナッツ』におけるライナスの安全毛布は、ウィニコットの「移行対象」という概念の具体例のように思われます）。

多くの健康な子どもたちを観察してきた医師であったウィニコットは、いろいろなことがうまく行ったときには、初期の努力の結果、発達のプロセスが進展し、そこから倫理的関心——そして健全なデモクラシーの基礎——が生まれると確信していました。発達はたいていうまく行き、ほとんどの両親がしっかりと仕事をしていると彼は感じていました。両親は早くから子どもの世話に専念し、その欲求によく応え、そのおかげで子どもの自我が徐々に発達し、やがては自らを表現できるようになります(ウィニコットは「母親」という言葉をよく使いましたが、「母親」とは機能上の区分であり、その役割は片親もしくは両親によって果たされうるものだと、いつも強調していました。彼はまた、自分の精神分析家としての役割の母性的側面も強調していました)。

乳児は親が独立した対象であることを最初のうちは理解できず、したがって本格的な感情を持つことができません。その世界は共生的で、基本的に自己中心的なものです。しかし、乳児は一人でいられる能力を徐々に発達させていきます。それを助けるのが「移行対象」で、親がいないときに子どもが自分を慰めるのに使う毛布や動物のぬいぐるみのことをウィニコットはこのように呼びました。ふつう、子どもはそのうち「母親と一緒にいても一人で遊ぶ」能力を発達させるのですが、これは発達していく自我に自信を深めていることの重要な兆候です。この時点で子どもは、自らの欲求の延長ではない一個の十全な人間としての親に向き合えはじめます。

遊びはこの発達段階全般にとって重要であるとウィニコットは信じていました。想像力を駆使した遊びを強く抑制するような、きわめて信仰心に篤く抑圧的な家庭で育ったため、大人になってから人間関係で深刻な問題を経験した彼は、遊びは健全な人格の成長の鍵であると信じるにいたったのです[2]。遊びが行なわれるのは人と人とのあいだの空間なのですが、ウィニコットはこれを「潜在空間」と呼びました。ここで人間（最初は子ども、後には大人）は、脅威になりがちな他人との直接的な出会いよりも安全な方法で、他者とはどのようなものかを探りはじめるのです[3]。こうして、感情移入と互恵性についてのきわめて大切な練習が行なわれます。遊びは、起こることを子どもが意のままにコントロールできる魔法めいたファンタジーから始まります。幼い子どもが自分の「移行対象」と遊ぶことで自らを慰めるゲームなどがこれです。しかし、両親や他の子どもたちといった他人との遊びのなかで自信と信頼が発達するにつれてコントロールは緩和され、遊びでなければ辛いかもしれないものの遊びのなかでは楽しいようなやり方で、弱さや思いがけないことを試せるようになります。たとえば、親や大切にしていたものが消え、また現われるという遊びを、幼い子どもが飽きもせずに楽しむことを考えてみるとよいでしょう。

遊びが発達するにつれ、子どもは思いをめぐらす能力を発達させます。簡単な童謡がすでに、小動物や他の子ども――生物ではないことさえあります――の立場に身を置くようにと促しています。「きらきらきらきら光る小さなお星さまあなたは一体何者なの？」というのは、あるものを見て、そ

（2） F. Robert Rodman, *Winnicott: Life and Work* (Cambridge, MA: Perseus Publishing, 2003) を参照のこと。
（3） Donald Winnicott, *Playing and Reality* (London and New York: Routledge, 2005, originally published 1971).〔D・W・ウィニコット、橋本雅雄訳『遊ぶことと現実』岩崎学術出版社、一九七九年〕

れに内面的な世界を付与している点で、思いをめぐらすことの典型例と言えるでしょう。これこそ、子どもが最終的に他の人に対してできなければいけないことなのです。したがって童謡や物語は、実生活における関心を準備するうえで大切なものです(4)。きわめて脅威になりかねない他者の存在が、遊びのなかでは好奇心の楽しい源となり、この好奇心が、友情、愛――そして後には政治――に対する健全な態度を発達させることに寄与するのです。

人と人とのあいだの「潜在空間」は、大人になったからといって閉じられるわけではないことをウィニコットは理解していました。人生には思いをめぐらせたり遊んだりする機会がふんだんにあるものです。性的な関係を含む親密な関係全般は、遊びの能力が重要になる領域であることを彼は強調しました。人間は心を閉ざし、他人の内的世界を忘れてしまうこともできれば、想像のなかで他のものに内的な世界を付与する能力を維持し、さらに発達させることもできるのです。ウィニコットを知る人はみな、遊びと感情移入を通じて他者とつながることのできる彼の並外れた能力に驚きました。患者、特に子どもの患者と対するときには、子どものゲーム、大切にしているモノ、動物のぬいぐるみや、弟や妹を持つ幻想の世界に入り込み、疲れることを知りませんでした。しかし彼にとっては、遊びは「大人の世界」が始まるところで終わるものではなかったのです。大人の患者も、他人の立場に立てる彼の才能を賞賛していました。この才能について精神分析家のハリー・ガントリップは、六十歳のときに行なったウィニコットとの分析の記録のなかで触れています。「私の緊張が解け、リラックスして自己を伸ばせるのは、あなたが私の内的世界にいてくれるからです」。遊びは、ウィニコットのセラピー以外の人間関係においても顕著でした。彼とその妻の手の込んだ冗談や悪戯は有名でしたし、彼の残した文書のなかには、退屈な会議のあいだに二人がやり取りしていた馬鹿げた絵や詩が含まれています。(5)

ウィニコットは、遊びが民主的な市民精神の形成に重要な役割を果たすことをしばしば強調しました。民主的平等は弱さを伴います。彼の患者の一人の言葉は示唆的です。「平等が心配なのは、私たちが二人とも子どもなのはいいとして、父親はどこにいるのかということが問題だからです。どちらかが父親であれば、自分たちの立ち位置も分かるのですが」。(6) 遊びは、支配を伴わない形で他者と生きることを人に教えます。弱さと驚きの経験が、人を萎縮させるほどの不安にではなく、好奇心と思いをめぐらせることに結びつけられるのです。

子どものゲームの世界を卒業したのち、大人はどのようにして遊びの能力を維持し、発達させるのでしょうか？　ウィニコットは、芸術が重要な役割を果たしていると論じました。あらゆる人間文化における芸術の主要な役割は、「遊びの空間」を涵養する能力を維持し発展させることにある、と彼

(4) Nussbaum, *Poetic Justice: The Literary Imagination and Public Life* (Boston: Beacon, 1995), 第一章を参照のこと。

(5) Rodman の詳しい議論を参照のこと。ガントリップのウィニコットとの分析については、J. Hazell, *H. J. S. Guntrip: A Psychoanalytical Biography* (London: Free Association Books, 1986) を参照のこと。

(6) Donald Winnicott, *Holding and Interpretation: Fragments of an Analysis* (New York: Grove Press, 1986), 95. 〔D・W・ウィニコット、北山修監訳『抱えることと解釈――精神分析治療の記録』岩崎学術出版社、一九九五年〕

は主張しました。人間の生における芸術の役割は、何と言っても感情移入の能力を養い、伸ばしていくことにあると考えたのです。複雑な芸術作品に対する洗練された反応のなかに、乳児がゲームやごっこ遊びに見出す喜びが続いているのを彼は見て取ったのです。

本書の第四章でその教育観を検討した初期の進歩的な教育者たちは、ウィニコットの著作を読んでいたわけではありませんが、自らの考察と経験から、健全な個性の発達には遊びが重要であるという彼の基本的な洞察を理解していました。彼らは、伝統的な学校が遊びの教育的な価値を理解していないことを問題視し、初期および後期の教育に遊びを組み込むべきだと主張したのです。フレーベルは、ごく幼い子どもがモノを動かしたり、想像力を使って(球や立方体などの)単純な形に物語や個性を与えたりすることで、自らの置かれた環境を探ることを必要としている点に着目しました。ペスタロッチの架空のヒロインであるゲルトルートは、受身的な暗記学習が個性を殺してしまうのに対し、遊び心たっぷりに行なわれる実際的な活動は個性を豊かにすると見抜いていました。

このような教育者たちは早いうちから、学校卒業後の人生に対する芸術のもっとも重要な貢献は、感情や想像力といった人間的資質を強め、他では得られないような自己と他人を理解する能力を子どもに与えることだと気づいていました。私たちは、他の人間にも広がりと深みがあり、思考、精神的欲求、感情が備わっていると自然に認識するようになるわけではありません。他人を単なる身体的存在と見なしてしまうのはあまりに簡単であり、そうなれば、その身体を良かれ悪しかれ自分の目的のために使っても構わないと考えてしまうかもしれないのです。他人の身体に魂を見出せるのはひとつの達成であり、その達成を支えているのが、私たちの目に映るものの内的世界に――そして私たち自身とその深みにも――思いをめぐらすように働きかける、詩や芸術なのです。

技術や事実を重視する教育ではこうした涵養が欠けがちです。哲学者のジョン・スチュワート・ミル（一八〇六―一八七三年）は早熟で、幼いときから言語や歴史や科学について実に優れた教育を受けましたが、この教育によって感情や想像力の資質が養われることはありませんでした。彼は青年期に激しい憂鬱に苦しめられます。やがて回復できたのは、自分の感情を教育し、他人のなかにも感情を探すことを可能にしてくれた、ワーズワースの詩の影響が大きいと彼は述べています。ミルは後年、詩との出会いを通じて発見した思いやりの涵養を出発点として、彼が「人間性の宗教」と呼んだ考え方を発展させせます。

ほぼ同じ時期にアメリカでは、ブロンソン・オルコットが――テンプル学園における彼のソクラテス的教育については第四章で見ました――詩による教育という同じ発想をカリキュラムに具体化させました。ワーズワースに依拠し、彼の詩をしばしば教室で使ったオルコットは、詩は子どもの内的世界を養い、感情と想像力を伸ばすものであると主張しました。ルイーザ・オルコットの『第三若草物語』に登場するプラムフィールド学園では、想像力を駆使したゲームが知的な授業と同じくらい重要視され、両者は組み合わされています。授業とゲームは互恵性を愛する精神によって活発なものとなっているのですが、ひとつの大家族のように運営されるこの学校は、洗練された芸術的遊びは両親と子どものあいだの遊びの延長であるというウィニコットの考えを、驚くほど先取りしています。

しかしながら、初期教育の要としての芸術という考え方がもっとも綿密に展開されるには、二十世紀を、インドにおけるタゴール、およびアメリカにおけるデューイの理論的に洗練された実験的学校を待たなければなりませんでした。デューイは民主的な社会の鍵としての芸術について多くのことを語っていますが、今日においても、音楽や演劇を通じての想像力の涵養がラボラトリー・スクールで重要な役割を果たしているのは明らかです。デューイの主張するところによれば、子どもにとって大切なのは「美術《ファイン・アート》」、つまり、現実世界から切り離されたものとしての芸術作品をじっと見て「鑑賞」する訓練ではありません。また子どもに、想像力は非現実もしくは空想の領域にしか関わらないと信じるように教えるべきでもありません。逆に、芸術作品は想像力を養うひとつの領域にしか過ぎず、あらゆる相互作用に想像力の次元があることを子どもは理解する必要があるのです。「遊びと真剣な作業と見なされるものの違いは、想像力の有無の違いではなく、想像力が扱う対象の違いであるべき」なのです。うまく行っている学校の子どもは、何であれ「身体の直接的な反応の領域外」にあるものを扱うには想像力が必要なのだと理解するようになります(7)。そしてそこには、大切なことのほとんどすべてが含まれます。友人との会話しかり、経済取引についての勉強しかり、科学の実験しかりです。

しかしここでは、タゴールがどのように芸術作品を使ったかに焦点を当てたいと思います。というのも、彼の学校は芸術家の学校であり、子どもが入学した直後から、音楽、演劇、絵画、ダンスが中心的な役割を担っていたからです。第四章では、タゴールがソクラテス的な問いを重視していたことを見ました。しかしソクラテス的な探求は冷淡で感情を欠いているように見えかねませんし、論理的議論のあくなき追求が人格の他の部分の成長を妨げかねません。タゴールはこの危険を予期し、何としても避けようとしました。彼にとって芸術の主要な役割とは共感を養うことであり、教育のこの役割——もっとも重要な役割のひとつであるかもしれないわけですが——は標準的な教育モデルによって「組織的に無視され」「厳しく抑圧されて」いると彼は記しています。彼の見解によれば、芸術は内的自己の涵養と他者への応答の双方を深めるべきものです。この両者はともに発展していくのがふつうです。というのも、自分のなかに探求していないものを他者に見出して大切にすることなどまず不可能だからです。

先述したように、タゴールの学校では朝から晩まで役割演技が用いられました。自分とは異質な考え方を取ることで、子どもたちは知的な立ち位置というものを探ったのです。この役割演技は単なる論理的なゲームではなかったと付け加えることができるでしょう。これは、論理的能力を共感とともに養う方法だったのです。宗教的差異という難しい分野を探求するのにも役割演技が用いられました。自分のものではない宗教の儀式や祭式を祝い、想像力による参加を通じて異質なものを理解するように学生を促したのです。しかしそれにもましてタゴールは、ドラマ、音楽、ダンスの混じった複雑な演劇作品を上演し、なじみのない立場や仕草を体全体で取らせることで、異なる役割がどのようなも

(7) Dewey, *Democracy and Education*, 226, 227.〔デューイ、松野安男訳『民主主義と教育』全二巻、岩波文庫、一九七五年〕

のかを子どもに探らせたのです。男子にとっても女子にとっても、ダンスが学校の鍵でした。というのも、異質なものを探求するにあたっては、身体的なぎこちなさと恥ずかしさを忘れて役になりきる必要があることをタゴールは理解していたからです。

彼は特に女性に関心を寄せました。女性はたいがい、とりわけ男性の前では、自らの身体を恥じるように躾《しつけ》られているために自由に動けないことを見抜いていたからです。女性の自由と平等を生涯にわたって主張した彼には、もっと自由に動きなさいと女子生徒に言うだけでは長年の抑圧を乗り越えさせるのは難しく、だから、ここからあそこまで跳んでというように、行なうべき動作をしっかりと振り付けてやったほうが自由への刺激としてはずっとうまく行く、ということがわかっていたのです（今日誰もがサリーと一緒に着ているブラウスを発明したのは、タゴールの義姉でした。サリーから身体が見えてしまってはしたなくはないかと女性たちが怯えることなく、自由に体を動かせるものを何か作ってくれないか、と彼が頼んだのでした）。それと同時に男性も、しなやかで両性具有的な動きで知られた偉大なるダンサーであり、かつ有名な振付家でもあったタゴールの指導のもと、ダンスにおいて挑戦的な役割を試みることになりました。第四章で取り上げた、女性たちが先導して形骸化した伝統を否定する「カードの国」のように、彼のドラマはしばしばジェンダー上の平等を明確な主題にしています。

ノーベル賞を受賞したアマルティア・センの母親であるアミタ・センは、ごく幼い頃からこの学校の生徒でした。ヒンドゥー教の歴史の著名な専門家であった父親が、学校が創立されてからほどなくしてそこで教えることになったからです。彼女は幼い頃タゴールの部屋の窓のそばの庭で遊んでいて、彼にその有名な詩「小さな娘」――そこには、小さな女の子に仕事を邪魔される様子が描かれていま す――を書かせることになりました。後に若い花嫁となったときには、「怖れることなく、人生という川へと足を踏み入れていく」若い女性を詠ったタゴールの別の有名な詩の着想の源となりました。その間アミタ・センはこの学校の生徒であったわけですが、彼女はそこでのもっとも才能豊かなダンサーの一人であり、多くのダンス劇で主役を務めました。後年、彼女はこの学校について二冊の本を著しています。そのうちの一冊『すべての仕事の喜び』が英訳されていますが、そこではダンサーおよび振付家としてのタゴールの活動が描かれています(8)。

アミタ・センは、素晴らしい芸術作品の上演だけではなく、生徒の感情や想像力の涵養もタゴールのダンス劇の目的であることを理解していました。学校における演劇とダンスの役割についての彼女の詳しい説明を読めば、シャンティニケトンの「通常の」教育が――その教育のおかげで、学生たちは標準的な試験でも好成績を出せたのですが――ダンスや歌と組み合わされていたために、いかに情熱と創造性と喜びに満ちていたかがわかります。

彼のダンスは感情のダンスだった。空で戯れている雲、葉のあいだで震える風、草の上で輝く光、

(8) Amita Sen, *Joy in All Work.*

大地に降り注ぐ月光、開き、やがてしぼんでいく花々、枯葉の囁き、そして人間の心に波打つ喜び、あるいは痛いまでの悲しみ。そうしたものすべてが、この生き生きとしたダンスの動きや表現に表わされていた(9)。

私たちが聞いているのは、子ども時代の経験を後年思い返している女性の声であることに留意する必要があります。子ども時代の感情や詩情がこの女性のなかにこれほど力強く生き続けているとは、なんと素晴らしいことでしょう。そしてこれは、この種の教育が個性を伸ばせること、しかも、学んだ事実をすべて忘れてしまってもそれが生き続けることに対する、この上ない賛辞ではないでしょうか。もちろん、彼女の本を読めば明らかなように、子どもを遊ばせておくだけでこうしたことが成し遂げられるわけではありません。感情移入の能力と表現の能力をともに伸ばしたいのであれば、芸術の教育には鍛錬と向上心が必要になります。

文学や芸術の教育によって思いやりを養うには多くの道筋があり、取り上げうる文学、音楽、美術、ダンスの作品も多種多様です。西洋に先んじていたタゴールは音楽とダンスを重視したわけですが、アメリカ合衆国ではこうしたことは持続的には培われてきませんでした。いずれにせよ、とりわけ学生の盲点になりそうなのは何かを考慮し、それにしたがってテクストを選ぶ必要があります。いつのいかなる社会にも固有の盲点があり、その文化内外の特定の集団が無知と無神経さに基づいて扱われることになります。こうした無神経さに対する批判と、見えないものに対するより適切なヴィジョンを深めるために、芸術作品を（それが文学であれ音楽であれ演劇であれ）選ぶことができるのです。ラルフ・エリソンはその偉大な小説『見えない人間』についての後年のエッセイのなかで、彼が書くような小説は、アメリカ文化が、私たちと私たちの民主的理想のあいだに立ちはだかる「沈み木や渦を乗り越えていく」ための「知覚、希望、そして楽しみの筏《いかだ》」となりうるのだと書きました。(10) もちろん彼の小説は、白人読者の「内なる眼」をその主題かつ標的にしています。白人社会には主人公が見えませんが、この不可視性は主人公の身に起こった生物学的な偶然ではなく、白人の側の想像力と教育の失敗によるものだとエリソンは言うのです。エリソンが示唆しているのは、日常生活においてせいぜい表面的にしか付き合えず、下手をすると侮蔑的なステレオタイプを通じて出会うことになる人々をありのままの人間として見る能力を、想像力を通じて伸ばせるということなのです。そしてステレオタイプが増幅するのは、私たちの世界が集団を厳密に区別し、疑念のせいでいかなる出会いも難しくなるときなのです。

エリソンのアメリカでは、「内なる眼」にとっての中心的な問題は人種でした。汚名を着せられた立場に伝統的な白人読者が身を置くのはほぼ不可能だったからです。タゴールにとっては、これまで

（9） Ibid., 35.

（10） Ralph Ellison, *Invisible Man* (New York: Random House, 1992, Modern Library edition, with Introduction by Ellison, added 1981; originally published 1952), Introduction.〔ラルフ・エリスン、松本昇訳『見えない人間』全二巻、南雲堂フェニックス、二〇〇四年〕

見てきたように女性の主体性と知性がとりわけ文化的な盲点であり、ゆえに彼は、両性間のより一層の好奇心と敬意を促すような方法を独自に工夫しました。両作家は、社会的汚名と不平等についての情報が民主的市民にとって必要な理解を十分に生み出すには、汚名を着せられた立場に身を置く経験が不可欠であり、演劇と文学はともにそれを可能にするものだと主張したのです。タゴールとエリソンの考察にしたがえば、芸術を除外する学校は民主的な理解に必要不可欠な機会を逃していることになります。あるインド人の知人がこのような不満を漏らしていました。自分は子ども時代にインドの公立学校に通っていたが、劇を通じて異なる社会的立場について考えてみる機会など一度もなかった。ところがアメリカにいる甥や姪たちは、公民権運動について学ぶ一環としてローザ・パークスについての劇に参加し、バスの後部に座るという体験をしていた。そうすることではじめて、差別されるとはどのようなことなのかを体を通して学んでいた、というのです。

したがって、私たちは学生の「内なる眼」を培う必要があるわけですが、このことは、ジェンダー、人種、エスニシティ、異文化経験、異文化理解といった問題に学生が触れられるように、芸術や人文学の授業を——子どもの年齢と発達のレベルに合わせて——注意深く考案しなければならないことを意味します。こうした芸術教育は世界市民教育につなげられますし、またつなげるべきです。しばしば芸術作品は、自分のものとは異なる文化の素晴らしさや苦しみを理解するための格好の糸口だからです。

つまり、学校や大学における芸術の役割は二つあります。遊びと感情移入の一般的な能力を養うことと、各文化固有の盲点を扱うことです。一番目の役割は、学生が生きている時代や場所から隔たった作品――どのような作品でもよいというわけではありませんが――によって果たされます。二番目の役割に関しては、社会不安の領域により焦点を当てる必要があります。この二つの役割はある意味では連続的なものです。ひとたび一般的な能力が発達すれば、根深い盲点に取り組むことがずっと容易になるからです。

これら二つの役割を民主的な価値観にしっかり結びつけるためには、人間相互の関係(平等な存在として、尊厳ある者として、内的な深みと価値を持っている者として)についての規範となるようなものの見方を必要とします。そのため、使う芸術作品を選択することが必要となります。人間の平等と尊厳という概念と関連づけられなければ、感情移入を伴う想像力は気まぐれで偏ったものになりかねません。地理的に、もしくは階級や人種の点で近い者には繊細な共感を覚えながら、遠くにいる人間もしくはマイノリティ集団に属する人々にはそうした共感を抱かず、彼らをモノ同然に扱うのはあまりにも簡単なことです。さらに言えば、偏った共感を助長してしまう芸術作品はたくさんあります。人種差別的な文学や、女性を単なるモノのように扱うポルノグラフィーを読んで想像力を養うように求められても、子どもが民主社会にふさわしい想像力を培うことはないでしょうし、反民主的な勢力が、特定の集団や民族をさらに非難して貶めるために、芸術作品や音楽やレトリックを巧みに利用してきたことも否定できません。[11] 民主的教育を構成する想像力は、注意深い選択を必要とするのです。

(11) ヒンドゥー右派がいかに演劇や芸術作品を用いているかについては、Nussbaum, *The Clash Within* を参照のこと。

しかしながら、こうした欠陥を持つ「文学」は、汚名を着せられている人々に想像力を働かせるのを禁じることで——つまり、マイノリティの人々や女性を、探求するほどの経験を持たない単なるモノとして扱うことで——機能する点に留意すべきです。他者の内面を想像力によって探求するという行為は、他者との健全な道徳的関係のすべてではありませんが、少なくともそれに必要不可欠な要素ではあるのです。さらにそこには、自己中心的な統制の企てに行き着きがちな、自己防衛的な不安に対する処方箋が含まれているのです。遊んでいるときと同じように他者に接すれば、その他者のことを自分の安全を脅かすがゆえに抑えこむべき存在だとは——少なくともしばらくのあいだは——あまり考えなくなるでしょう。

これまで述べてきた想像力の養成は、硬直化してしまったり不適切であったりする伝統を批判できるソクラテス的な能力と密接に関連しており、この批判的活動の根幹を支えています。少なくとも他人の人生観や人生経験を理解しようとしなければ、その人の知的立場に敬意を払うことはまず無理です。しかし、自己中心的な不安についてこれまで述べてきたことを考えれば、芸術作品がソクラテス的な批判にさらなる寄与をもたらすことがわかります。タゴールがしばしば強調したように、芸術作品は転覆と文化的考察に結びつく喜びを生み出すことで、不安と自己防衛に満ちた対話ではなく、過去の偏見との持続的で魅力的でさえある対話を作り出すのです。これこそまさに、『見えない人間』を「知覚、希望、そして楽しみの筏」と呼んだエリソンが言いたかったことなのです。芸術作品が知覚と希望を提供するためには、楽しみはきわめて重要です。だとすれば、演技者の経験にとどまらず、いかに演技が、萎縮してしまうような不安を感じさせることなく、難しい問題に取り組むための道筋を提供するかということも、デモクラシーにとってはきわめて大切なのです。

同様にタゴールの悪名高いダンスの演技が――アミタ・センは緑の妖精の役を踊ったわけですが――女性にとって画期的だったのは、それが芸術的に素晴らしく、しかもきわめて楽しいものだったからです。アミタが女王の役を踊った、より大胆なドラマも同様で、彼女の動きには「私の胸に来て」という台詞が付けられていました。この台詞は最終的には「私の心に来て」へと変更を余儀なくされたのですが、「誰もが本当の意味をわかっていました」とアミタは私に語ってくれました。女性の理想を後退させかねなかったこのエピソードがそれを進展させることになったのは、アミタが美しく踊った女王の官能的な行動が喜ばしい効果をもたらしたからです。つまるところ、美しい音楽と所作の穏やかな攻撃を前にした観客たちは、いつもと違ってショックを受けて腹を立てることができなかったわけです。

いまジェンダー上のイメージに触れましたが、真の男性とは何か、そして真の男性は女性および他の男性とどのように関係すべきか、ということについての健全なイメージが、健全なデモクラシーにとっては何よりも重要なのかもしれません。この問題の重要性は、洋の東西を問わず、近代の民主的な文化が始まったそのときから認識されていました。ヨーロッパでは、一七九二年に哲学者のヨハン・ゴットフリート・ヘルダーが、男性らしさは他のネイションに対する好戦的な攻撃性を必要としないことをよき市民は学ばなければならない、と主張しています。ネイティブ・アメリカンの慣習だと彼が理解していたものに言及しつつ、ヨーロッパの男性も同じように女性の服を着て戦争と平和について考えるべきであり、また、人々を征服へと駆り立てるような恐ろしい「誤った国政術」や、好戦的な功績に対する「敬意の減少」を広く目指すべきである、と言っています。その代わりに、男性も女性もともに「平和的な傾向」を培うべきであり、そのためには、しばらく女性の役割を演じることはとても有効であろうと示唆しています(12)。

インドでは、タゴールとガンジーの二人が似たような考え方を探求しました。タゴールの学校は芸術作品の重視とダンスの表現を通じて、受容的で遊び心に満ち、他者を支配することには無関心な男性人格を育みました。タゴールはこの目標を、攻撃的に植民地化を推し進めるナショナリズム——彼の見るところ、それはヨーロッパの文化的価値観と男性性の規範に関連しています——の否定と明確に結びつけていました。のちにガンジーは、社会変革に対する彼の非暴力のアプローチを、性的関係において目標となる支配というものの否定と強く結びつけました。彼は両性具有的で母性的なイメージを意図的に培いましたが、それは伝統的なジェンダーの区別を一切捨て去らなくてはいけないと信奉者たちに示すためではなく、他者の人間的尊厳に対する敬意とその欲求に対する共感をつねに抱いてさえいれば、攻撃的ではなくても真の男性になりうること、さまざまなジェンダーのありようのどれもが真の男性らしさと両立しうることを示すためでした。

要するに、思いやりに満ちた受容性は男性らしさの欠如ではないこと、男らしさとは泣かないことや、お腹を空かせている人々や打ちのめされている人々の悲しみを共有しないこととは違うのだと、子どもは学ぶ必要があります。こうした学習は、「男らしさについての古いイメージを捨てなさい」と命じる対決型のアプローチではうまく行きません。成功に導けるのは、カリキュラム内容と教育方法の両方が受容的な文化だけなのです。そしてそこでは、教育的な努力の全体が、愛と思いやりの能力に裏打ちされていると言っても大げさではないでしょう。

批判的思考と同じことが芸術についても言えます。経済成長の達成や健全なビジネス文化の維持には芸術が必要不可欠だと私たちは気づいています。先進的なビジネス教育者たちは、発達した想像力が健全なビジネス文化の鍵であることをずっと以前から理解していました[13]。イノベーションは、柔軟で創造的で度量のある知性を必要とします。文学や芸術はこうした能力を培います。こうした能力が欠けると、ビジネス文化はたちまち活力を失います。これまでずっと、人文学を勉強してきた卒業生のほうが、より専門化された就職前教育を受けてきた学生よりも好んで採用されてきました。それは、ダイナミックなビジネス環境で成功するのに必要な柔軟性と創造性が彼らにはあるとまさに信じられているからです。もし国の経済成長が唯一の関心事であったとしても、人文学的な一般教養教育は守られるべきなのです。しかし次章で検討するように、芸術は今日、世界中の学校で攻撃にさらされて

(12) Johann Gottfried Herder, "Letters for the Advancement of Humanity" (1793–97), translated by Michael Forster, in Forster, ed., *Herder: Philosophical Writings* (Cambridge: Cambridge University Press, 2002), Letter 119, 404–409.
(13) LEAP Report, *College Learning for the New Global Century* 中の議論や参考文献を参照のこと。

います。

ここで、ひとつの事例を手がかりにして、エスニシティと階級の双方によって分断されているアメリカ文化において、民主的な市民精神を形成するのに芸術がいかに重要であるかを見てみましょう。取り上げるのはシカゴ児童合唱団です。ほとんどのアメリカの大都市と同じくシカゴにも著しい経済的格差があり、それは基本的な住環境や雇用機会や教育の質における大きな隔たりとなって表われています。特にアフリカ系アメリカ人やラテン系地区の子どもは、郊外の白人地区や都市部の私立学校の子どもに比べて著しく劣った教育を受けているのが一般的です。このような子どもは、そもそも家庭環境にも恵まれていないかもしれません――片親だったり、両親が一緒に住んでいなかったりして、職業的な成功や躾《しつけ》、向上心や政治への積極的な参加といった点での「手本」がないのです。もちろん、法律によって学校が人種的に分離されているわけではないのですが、実質的には大部分がそうなってしまっているのが現実であり、したがって生徒たちは、自分とは異なる階級や人種の友人をほとんど持たない可能性が高いのです。

さらに悪いことには、子どもたちを平等な形でひとつにできる人文学が、コスト削減の一環として公立学校で著しく切り捨てられているのです。この空白を埋めたのがシカゴ児童合唱団でした。現在は私的な慈善団体が支援しているこの組織には、いまでは約三千人の子どもが所属しており、およそその八十パーセントは貧困線以下の生活をしているにもかかわらず、きわめて水準の高い合唱活動に取り組んでいます。活動には三つのレベルがあります。ひとつめは学校での活動です。その多くが、市が運営していたものの削減されてしまった活動の代わりとなっています。これらの校内活動は第三学年から第八学年までを対象としており、およそ二千五百人の子どもが五十校の小学校にある六十以上の合唱団に所属しています。活動の公式の説明によれば、校内活動は、「音楽は知性と精神の発達にとって数学や理科と同じくらい重要であるという考えの正しさを裏付けて」いるのです。

二つめのレベルは地区の合唱団からなっています。シカゴの異なる地区に八つの合唱団があり、放課後に活動しています。八歳から十六歳までの児童が対象ですが、合唱団に入るには選抜があり、ある程度の真剣な参加も要求されます。子どもたちは毎年何度も公演を行ない、国内各地をツアーで廻ります。彼らは世界のさまざまな国の音楽を広く学び、音楽の技能を磨きます。

最後に、もっとも進んだレベルにあるコンサート合唱団は、おそらく合衆国内で最高の若者の合唱団でしょうが、数多くのCDを出し、国際ツアーを行ない、交響楽団やオペラ団と共演しています。バッハのモテットから黒人霊歌に至るまで、合唱団の演奏曲のレパートリーには世界の多くのさまざまな文化の音楽が意図的に含まれています。

この合唱団組織は、ユニテリアン派の牧師クリストファー・ムーアによって一九五六年に始められました。彼は音楽を通じて、人種、宗教、経済的階級の差異を超えて若者を一堂に会させることで、彼らの人生を変えることができると信じたのです。最初は二十四人のメンバーから始まったこの組織は、シカゴ地域の多くの篤志家の献身的な支援のおかげで現在の規模にまで成長しました。市は事務所のスペースを無料で提供してはいますが、それ以外の財政的な援助は行なっていません。

こうした事実を語るのはたやすいことですが、これらの若者の歌声を聴いたときに心に受ける衝撃をなんと表現すればよいでしょうか。彼らの歌い方は、いわば楽譜を目の前に掲げたまま身じろぎひとつしなかった、私の若い頃の教会の聖歌隊とは違います。彼らはすべての歌を暗記し、あらゆる曲を表現力豊かに歌い、ときには歌を届けるためにジェスチャーやダンス的な動きさえ使います。彼らの顔には歌うことに対するこの上ない喜びが満ち溢れていますが、歌い手と観客双方に見られるこうした感情の大部分が合唱団の活動によって培われたものなのです。

私が立ち会ったのは、ハイドパーク地区合唱団のリハーサル、そしてコンサート合唱団による公演でしたが、地域に広く開かれている前者の活動においても、大きな誇り、音楽的向上心、個々人の真剣な取り組みが見られました。コンサート合唱団の歌い手は年下の子どもの指導に当たり、規律と向上心の模範となります。また彼ら自身も社会的な責任感を育んでいきます。

ハイドパーク地区合唱団の指揮者で、コンサート合唱団の副指揮者でもあるモリー・ストーンに最近インタビューしたときに、合唱団はシカゴの生活にどのように貢献していると思うか訊いてみました。彼女の答えは雄弁で感動的なものでした。彼女によればまず第一に、子どもにとって合唱団は、人種的・社会経済的背景を異にする子どもと隣り合って歌うという強烈な経験をする機会なのです。誰かと一緒に歌うのは著しい弱さにさらされることだと彼女は言います。呼吸と身体を他の人のそれと溶け合わせなければいけませんし、自分の身体から音を出すというのはオーケストラでもやらないことだからです。したがって音楽は、自分の身体が嫌いでとても居心地悪く感じている年頃の子どもに、自分自身の身体を愛することを教えてくれもするのです。このようにして子どもは、自信と規律感、責任感を育んでいきます。

次に、合唱団はさまざまな文化の歌を歌うことで異文化について学び、またそうした文化が自分たちにも手が届くものであることを学びます。子どもは先入観や自身の文化が形成する障壁を乗り越え、世界市民になりうることを示すのです。別の時代や場所の音楽を歌うことで、自分たちが他人に敬意を払っていること、そしてその他人と真剣に向き合い、時間をかけて彼らについて学ぶ気があることを示す方法を見つけもするのです。

こうしたすべての点で、彼らは地元のコミュニティ、そして世界における自分たちの役割について学ぶのですが、このようにして次々と好奇心が生まれ、合唱団の同窓生たちはその後、政治科学、歴史、言語、視覚芸術などさまざまな領域を学ぶようになるのだ、とストーンは力説していました。

三つの逸話がストーンの話を例証してくれます。ある日コンサート合唱団のリハーサル室に入った彼女は、アフリカ系アメリカ人の子どもの一団が、そのときリハーサルしていたバッハのモテットの複雑な一節を歌っているのを耳にしました。「それじゃ、今日は特別練習に来たの?」と彼女は言いました。「違うよ、冷《チリング》ましているだけなんだ。即興で歌ってるだけだよ」と彼らは言いました。ゲットー地区の学校に通うこのアフリカ系アメリカ人の子どもたちが、「冷ます《チル》」、つまり一緒にリラックスするためにごく自然にバッハを歌ったということは、彼らが「黒人文化」に縛られているとは感じていないということです。どの文化も自分たちのものであると主張し、その一員となることができるのです。どの文化も、黒人霊歌と同じくらい彼らのものなのです。

それからストーンは、彼女自身の経験を語ってくれました。彼女は若かった頃、主としてアフリカ系アメリカ人からなる合唱団のメンバーだったのですが、その合唱団がヘブライの民謡を歌ったことがありました。合唱団でただ一人のユダヤ人であった彼女はそのとき、ああ、自分は受け入れてもらっている、と感じたそうです。ほかの子どもが彼女の文化を尊重して真摯に受けとめ、学んでそこに参加したがっていると感じたのです。

最後の逸話です。ハイドパーク地区合唱団は、最近ツアーでテネシー州のナッシュビルに行きました。カントリーミュージックの故郷であるこの土地の文化と価値観は、北部の都会で育ったアメリカ人の大半にはいくぶん異質なものですし、ナッシュビルの住民のほうも合唱団に疑いの目を向けていたことでしょう。ところが、グランド・オール・オプリーの外でカントリーミュージックのあるグループの演奏を聞いていた子どもたちは、そのなかの一曲が合唱団で歌ったことのあるカントリーソングであることに気がつくと、バンドを取り囲んで一緒に歌いはじめたのです。こうして、包容力とお互いに対する敬意を讃える表現が生まれたのです。

民主的な包容力と敬意を広めるために芸術が果たすべき役割について、合唱団の例が教えてくれていることに別に目新しいところはありません。それは、先述した(オルコットからデューイにいたる)進歩的な教育者たちも連なっている、アメリカの長い伝統の一部なのです。特に声楽には、さまざまな背景を持つ人々を結びつけ、対立を和らげる傾向があるとホレース・マンは論じています(14)。

以上、合唱団がその参加者にいかに貢献しているかを強調してきました。言うまでもないことですが、こうした貢献は、両親や家族、学校、そして合唱団を聞くアメリカ国内および海外の観客への影響を通じて何倍にも増大します。

残念ながら、地域のレベルであれ国のレベルであれ、アメリカ合衆国の教育制度はこのようなプロジェクトに好意的ではありません。したがって合唱団はつねに赤字で、時間と金を惜しまない有志たちのおかげで辛うじて存続できています。幸運なことにシカゴには民間基金によるイニシアティブが数多くあり、そこを通じて大手の芸術組織が学校のためのプログラムを手がけています。それに加えて、たいていは官民共同で支えられている無料のパブリック・アートも数多く存在します。

お金の話が出たので、この問題に向き合ってみましょう。芸術にはとにかく金がかかりすぎると言われます。経済が厳しいときにそのような余裕はないというわけです。しかし、芸術を奨励するのに多額の金をかける必要はありません。機会さえ作れば比較的安価に芸術を広めることができます――子どもは踊ったり歌ったり、物語を話したり読んだりするのが大好きなのですから。もしデューイが批判したように、「鑑賞」に高価な道具やモノを必要とするインテリ向けの「美術」として芸術を捉えるのであれば、コストに敏感な時代にあってはそのような金はないという結論に容易に行き着きます。実際、シカゴの教育者がそのように論じるのを耳にしたことがありますが、納得はできません。

(14) Richard Rothstein, with Rebecca Jacobsen and Tamara Wilder, *Grading Education: Getting Accountability Right* (Washington, DC: Economic Policy Institute, 2008), 18 の議論を参照のこと。

私はインドの農村地帯に赴き、大人の女性や少女向けの識字率向上プロジェクトを見学したことがあります。そこには道具などありませんでした――紙もペンもなければ、机と椅子さえなく、手から手へと回される石板がひとつあるかないかでした。しかし、そこでは芸術が花開いていました。文字を読むことを覚えはじめたばかりの女の子が自身の経験についての劇をやったり、苦労を歌にして歌ったり、目標や不安を絵に描いたりすることで、自分たちのことをずっとうまく表現していたのです。献身的に活動している教師たちは、学校に行きたい、読み書きを学びたい、自分たちの生活状況を批判的に考えたいと子どもに思わせるためには、芸術こそがその手段であることを知っています。見学していた私はアメリカの女性運動の歌を子どもに教えてやってほしいと何度も頼まれ、「勝利を我等に」を選んだのですが、子どもたちはすでに各自の言葉でこの歌を知っていました。音楽やダンス、絵や劇は、あらゆる人々を喜びと表現へと力強く導くものであり、それらを培うためには多くの費用を必要としないのです。実際のところ、これらは農村部の識字率向上プログラムのカリキュラムの根本をなしています。学校に来る動機、相互交流のための積極的な手段、努力して学ぶことの喜びを、子どもにも大人にも提供してくれるからです。

どうしてアメリカ合衆国では芸術をこのように活用できないのでしょうか？　私は最近、シカゴのすぐ隣のシセロ市にあるモートン・オルターナティブ公立高校で行なわれている、問題を抱えた十代前半の子ども向けのプログラムを見学してきました。他の公立高校を追い出された子どもは、完全にドロップアウトするか(というのは、なかには十六歳以上の子どももいるからですが)、さもなければモートン・オルターナティブ校に行かなくてはなりません。学校には合わせても四十人ほどの学生しかいないため、一人ひとりに目を配ることが可能です。まるで自分の息子か娘であるかのようにそれぞれの子どもの生い立ちに目を配る、聡明で思いやりもある素晴らしい校長のおかげで、そして心理療法医と社会福祉士のボランティア組織との連携のおかげで、子どもたち全員が豊富な個人的助言と、四、五人からなる定期的なグループセラピーを受けています。耳を傾ける大人がいるだけで起こる変化には深い感銘を受けました。うまく行っていないことが多く暴力的なことさえある家庭に子どもたちは戻らなくてはならないものの、モートン校はオルコットのプラムフィールド学園の家庭的な環境に可能なかぎり近いものでした。ところが、芸術はどうしているのですかと私が訊ねたところ、校長と主任療法医は驚いたようでした。こうしたことが役立つとは考えたこともなかったのです。

しかし、どうして役に立たないのでしょう？　若者は大半がメキシコ系アメリカ人で、実に豊かな音楽とダンスの伝統を持つ文化の出身です。音楽やダンスや劇を通じて、若者は自分たちの葛藤や夢を力強く表現する術を見つけられていたかもしれないのです。グループセラピーはそれ自体が一種の劇ですが、劇を上演するときのような規律的な達成は必要としません。学校側は経済的理由からこうしたことに取り組まなかったわけではなく、単に考えたこともなかったのです。

四週間後、主任療法医は、私が見学したセラピーのセッションにいた少女の一人が書いた詩を送ってくれましたが、これは、モートン・オルターナティブ校での取り組みに芸術を導入しようと彼が決意してくれたおかげです。子育てに大変苦労している十代の母親が、赤ん坊への深まる愛をたどたどしくもきわめて力強い筆致で綴ったその詩は、誇りと克己に向けての新しい段階をこの若い母親が歩みはじめたことを示しているように私には思われましたし、療法医もまったく同意見でした。この取り組みは著しく理にかなっていますが、それでいて余計なお金は一銭たりともかかっていないのです。

私が推奨する教育には、教師がやり方を変えることが必要になります。これを実行に移すには、少なくともアメリカ合衆国の大半の地域と世界の大半の国では、教師の研修のあり方を大きく変えることが必要になるでしょう。またほとんどの校長が（モートン・オルターナティブ校の校長は例外であるわけですが）、学校の校風《エートス》を変えなければいけなくなるでしょう。その意味では、この教育には費用がかかります。しかし、このコストは移行に伴うものだと私は信じています。こうした手法を取ることが本質的により高くつくわけではありません。ひとたび新しい手法が定着すれば、それは持続していくことでしょう。考えることと想像することに学生と教師の双方をより情熱的に関わらせるような教育は、個々人が熱心でないときに典型的に表われる時間の浪費と無気力《アノミー》を減らすことで、コストも減らすのだと言っても過言ではありません。

第7章

追いつめられた民主的教育

しかし、ここに危険があるのです。組織化された醜いものが、その巨大さゆえに、その攻撃的な執拗さゆえに、心のより深いところにある感情を嘲笑うその力ゆえに、知性を襲い、勝利してしまうのです。（中略）したがって、そうしたものと、慎みと深みがあり、生の微妙な繊細さを持つものとの競争関係は怖れるべきものなのです。

——タゴール『ナショナリズム』一九一七年

＊

共感なくして歩む者は皆、死に装束を身にまとって自分の葬式に向かっているのだ。

——ウォルト・ホイットマン『ぼく自身の歌』一八八五年〔1〕

今日の世界において、民主的市民精神のための教育はどうなっているでしょうか？　非常に貧しいものであると私は憂慮しています。本書はマニフェストであって経験に基づく研究ではありませんので、数量的データでこの章を埋めるつもりはありません——もっとも、データは私の不安を裏付けてはいるのですが。[(1)] 取り上げてきた憂慮すべき傾向を要約し、象徴的な例を示すにとどめておきましょう。

これまでの議論は、行動への呼びかけとなることを意図しています。もし私が信じているほど事情は悪くはないとしても安堵すべきではありません。状況がかなりまずいと思われる場合にすべきことを私たちはまさに行なうべきであり、デモクラシーの活力を保つ教育にさらに深く関わっていくべきなのです。そうした教育が、私が信じているほどには深刻に脅かされていないとしても、経済のグローバル化の時代にあっては、強い圧力にさらされ脆弱な立場にあることは明らかだからです。

〔1〕このホイットマンの長編詩「ぼく自身の歌」は、『草の葉』上巻（酒本雅之訳、岩波文庫、一九九八年）で読める。

（1）合衆国における芸術、しかも大学以前の教育にのみ焦点を当てたものではあるが、「落ちこぼれ防止法」の影響を論じたCNN.comの記事 “Budgets Cut Student Experience,” http://www.cnn.com/2003/EDUCATION/08/13/sprj.sch.cuts/ は、現在の傾向をうまく要約している。“Cuts in Arts Programs Leave Sour Note in Schools,” http://www.weac.org/news_and_publications/at_the_capitol/archives/2003-2004/arts.aspx も参照のこと。カリフォルニアの予算危機が音楽と芸術にもたらした劇的な影響（基本的に両者は消滅した）については、“L.A. Schools Budget Cut, 2,000 Teachers Gone,” http://www.npr.org/templates/story/story.php?storyId=1058 4204 を参照のこと。

私が推奨するタイプの教育は、私がそうした教育を最初に学んだ場所、すなわち合衆国の大学カリキュラムの一般教養科目の領域においてはまだ比較的うまく機能しています。実際のところ、私が勤めているような大学では、カリキュラムのこの領域は寛大な慈善的支援を依然として集めています。お金持ちの人たちが、好きな本を読み、さまざまな問題を自由に探求した時代を懐かしく思い出してくれるからです。最近の経済的危機にあっても、人文学を重んじる篤志家たちは愛するものを守るためにさらに献身的になっており、寄付はむしろ増えているのです。

実際のところ、今日の合衆国の一般教養科目は、五十年前よりも民主的な市民精神をよりよく支えていると言えます。(2) 五十年前の学生は、ヨーロッパと北米以外の世界のことをほとんど知りませんでした。自国のマイノリティの人々についてもあまり学んでいませんでした。世界史にしてもアメリカ史にしても、大きな政治的事件と政治的に重要な人物に焦点を当てて教えるのがふつうでした。マイノリティの人々や移民の話が重視されることはめったにありませんでしたし、経済史も大きな物語の一部ではありませんでした。

今日では、こうしたことのすべてがよい方向に変わりました。全学生を対象とする一般教養科目が新しい研究領域を取り入れているおかげで、非西洋諸国、グローバル経済、人種関係、ジェンダーの力学、移民の歴史、そして承認と平等を求める新しい集団の努力といったことについての学生たちの理解は深まっています。多様な世界におけるよき市民精神を念頭に入れたカリキュラムを組むことが増えていますし、そうした変化は効果を上げています。今日の若者が、私の世代の一般的な学生がそうだったように非西洋世界について無知なまま大学を卒業することは稀です。

似たような変化が、文学や芸術の教育においても起こっています。学生が触れる教材の幅は広がっていますし、彼らの(エリソンの言葉を借りれば)「内なる眼」は、国内外の多種多様な人々の経験に触れることで養われます。いまでは音楽の歴史は、世界の多くの音楽的伝統とそれら伝統間の相互作用を以前よりもはるかに重視する形で教えられています。映画史にしても、主流であるハリウッド以外の映画の貢献を認めています。

しかしながら、合衆国にいる私たちは、人文学の健全な状態について自己満足しているわけにはいきません。篤志家からの支援は続いているとはいえ、最近の経済危機のせいで多くの大学が人文学や芸術関連のプログラムを大きく削減しています。なるほど、他の領域も削減を余儀なくされてはいます。しかし、人文学は重要ではないと一般的に考えられているために、規模を縮小したり、いくつかの学部を完全に廃止したりしても構わないと思われているのです。最近もっとも大きな公立大学のひとつで、学部教育の「コア」にあると思われる人文学の分野をいくつか選び、残りは廃止してしまおうという話が持ち上がりました。大学屈指の宗教学部は、哲学は「コア」の一部だが宗教研究はそうではないと通告されました(3)。こうした変革はまだ議論されている段階ですが、多くの大学で検討され

(2) Nussbaum, *Cultivating Humanity* を参照のこと。
(3) 二〇〇九年三月のアリゾナ州立大学の宗教学部教員との個人的な会話より。

ているコスト削減策の典型です。学部全体が脅かされていない場合でも、空いているポストを埋められないことから、教員の負担が重くなりすぎて仕事を十分にこなせなくなっているため、学部の健全なあり方は脅かされています。

こうした脅威的な変化は、ある程度は外部からの圧力によるものです。しかしながら、すべてを外部のせいにすべきではありません。私たちの大学はあまりにもしばしば安易な道を取ってきました。たとえば、学生との批判的な対話も学生の書いたものへのフィードバックも十分でないままマスプロ授業が行なわれていますし、教員にしても、単に暗記すればいい点数が取れるような状況をあまりに許しがちです。私が擁護してきた目標を大学が達成できない分だけ、外部の人間が人文学を軽視することがずっと容易になってしまっているのです。

つまり、人文学は外側と内側の双方から脅かされているわけです。ハーバード大学学長のドルー・ファウストは最近のある記事のなかで、「人文学および科学を専攻する学生の割合の急激な減少と、それにともなう職業準備的な学部学位の増加」について嘆いています。大学は「自らが奉仕する直接的で世間的な目的にあまりにも囚われてしまったのだろうか？　市場モデルが、高等教育を根本的に規定するアイデンティティになってしまったのだろうか？」と彼女は問いかけます。ファウストは人文学モデルと我が国におけるその役割を断固として擁護し、次のように締めくくっています。

高等教育は、必然的に近視眼的になってしまう現在にはない、深みと広がりのあるヴィジョンを個人と社会に提供することができる。人間は仕事と同様に意味を、理解を、視座を必要とするのだ。問題は、こうした時代にあってそうした目的の価値を信じていられるのかということではなく、信じないでいられるのかということだ(4)。

したがって、いまだに有力な擁護者が多く、生き残る確率は高いとはいえ、合衆国における人文教育は危機に瀕しているわけです。合衆国以外では、大学のカリキュラムに一般教養科目を持たない多くの国々がこれを築こうと努力しています。社会が直面している多元化や不安や疑念といった問題に対する市民の応答を形成するためには、人文学が重要であると認められているからです。私はそのような議論に、オランダ、スウェーデン、インド、ドイツ、イタリア、バングラデシュで関わってきました。私の見るところ、他ならぬ利益重視の技術文化の中心に位置するインド工科・経営大学において、教員は人文学のコースを導入する必要を感じています。これは学生の視野の狭さを補うためでもありますが、宗教やカーストに根差す敵意に対処するためでもあります。

しかし、こうした方向で大きな改革が行なわれるかどうかは予想しがたいところがあります。というのも、リベラルな教育には多くの財政的・教育的負担がかかるからです。私が推奨する類いの教育は、学生たちが互いに考えを論じあい、頻繁なレポート課題へのフィードバックをふんだんに受け、

(4) "The University's Crisis of Purpose," *New York Times Book Review*, September 6, 2009, 19.

自分の書いたものについて教員と議論するために多くの時間を取れるように、少人数のクラスを、あるいは少なくとも一部がそうなるような仕組みを必要とします。ヨーロッパの教授はこのような考え方に慣れておらず、かりに試みたとしても現時点ではひどいことになるでしょう。ヨーロッパの大学院教育には教えるための訓練が含まれておらず、業績書を準備するさいの重要な一部とみなされてもいないためです。それとは対照的に合衆国では、大学院生はティーチング・アシスタントであり、しばしば自分でも個人指導や少人数のクラスを担当し、専任教員の指導を受けます。教授の推薦状と学生の授業評価を含む「ティーチング・ポートフォリオ」が、業績書のきわめて重要な一部となっているからです。ヨーロッパの教員はこうした準備制度を欠いているため、専任教員になれば学部生のレポートの採点をしなくていいといった期待を抱きがちです。大学院生も序列的によそよそしく扱われることがしばしばです。

教員が一般教養モデルに積極的な場合でも、それを本当に機能させるためには一定の教員数を保証する必要があることを官僚たちは信じようとしません。シュデターシュ大学——移民の学生の割合が高いストックホルムの新しい大学ですが——の学長のインニェラ・ユーセフソンは、私がこれまで議論してきた批判的思考と世界市民精神という目標のいくつかを実現できるような、全学部生を対象とした「デモクラシー」というコースを設けたいと考えています。このプロジェクトを成功させるのに必要な教授法を学べるように、彼女は若い教員を合衆国の大学の教養学部に一年間派遣しました。しかしこれまでのところ政府の役人は、二十人から三十人からなるクラスを組み込んだ、全学生を対象とするコースを作るのに必要な資金の提供を拒んでいます。コースはできましたが規模は縮小されており、学生全員のニーズには応えていません。一方、芸術教育を担うストックホルムのさまざまな機関――演劇、映画研究、ダンス、サーカスの訓練や音楽を重視する学校――との協力関係を積極的に築こうという試みは始まったばかりで、シュデターシュ大学の学部生向けのカリキュラムに影響を与えるほどの公的支援もまだありません。

ヨーロッパやアジアの大学が抱えている別の問題は、よき民主的市民精神にとってとりわけ重要な新しい研究領域が、学部教育の枠組みのなかにしっかり位置づけられていないことです。女性研究、人種・エスニシティ研究、ユダヤ研究、イスラム研究。こうした研究分野はどれも周縁に追いやられ、すでにその分野について多くのことを知っており、専門的に学びたい学生の要望にしか応えていないことが多いのです。それとは対照的に一般教養教育制度のもとでは、こうした新しい研究分野は全学部生必修の科目を提供できますし、また、文学や歴史学といった他の研究領域の必修科目を豊かにすることもできるのです。こうした必修の必要がなければ、新しい研究領域は周縁に置かれたままでしょう。ベルリンの名門校フンボルト大学の女性研究プロジェクトが主催した、「宗教と女性への暴力」と題された学会に出席したときのことを私は鮮明に覚えています。刺激的なプログラムでしたし、テーマもきわめて重要なものでした。私の大学であればこのような学会の参加者は、たとえばフェミニスト哲学といったテーマを扱う私のコースに見られるように、およそ半分は男性だったことでしょう。しかしフンボルト大学では、何人かの招待講演者を除けば聴衆のなかに男性は一人もいませんでした――唯一の例外は駐独スウェーデン大使でしたが、彼は古くからの友人で私が誘ったのでした。これがヨーロッパでの典型的な経験なのです。女性問題を扱うコースを必修にでもしないかぎり、若い男性がこうした科目に抵抗なく率直に関心を示すことを、社会は受け入れるようにならないからです。

一方で、経済成長を求める圧力のせいで、多くのヨーロッパの政治的指導者たちは大学教育全体――つまり、教育と研究の両面でということです――を、成長を重視する方向で作り直し、各研究領域および各研究者の経済的貢献を問うようになりました。たとえばイギリスの例を見てみましょう。サッチャー時代以来、イギリスの人文系学部は、自分たちの研究や教育が経済的収益性にどれだけ貢献しているかを示すことで、すべての学術機関の資金源である政府に対して自らの存在を正当化することを求められるようになりました。[5] もし貢献を示せなければ、政府からの援助は削減され、教員および学生の数も減少します。学部全体が閉鎖されることさえあり、実際に多くの古典や哲学のプログラムはそうなりました(イギリスの教員にはもはや終身在職権はないので、いつでも自由に解雇できます。いまのところは、閉鎖されていない学部に彼らを移して退職するまで待つことが慣例になってはいますが)。こうした問題は、イギリス、そしてたいていのヨーロッパの大学に[6] 一般教養教育モデルがないことと密接に関連しています。合衆国のように学生全員にとって必修の一般教養科目を教える役割を果たすことで、人文系の学部は自らの存在を正当化することができないのです。

今日では学部が閉鎖されない場合でも、利益への貢献がより明らかな他の部門と統合されることがしばしばです――そうなれば吸収された側の研究領域は、利益により近い、もしくはそのように見せられる自らの分野を強調するように迫られることになります。たとえば哲学が政治学と統合されると、哲学の側は、プラトンの研究や、論理的・批判的な思考能力、あるいは人生の意味についての考察——こうしたことのほうが、自分と世界を理解しようとする若者には最終的にはより大事なのかもしれないのですが——よりも、ビジネス倫理のような、きわめて実用的で「役に立つ」領域を重視するように迫られるのです。「影響《インパクト》」が今日の流行語であり、言うまでもなく政府にとって「影響」とは何よりも経済的な影響なのです。

学術的な研究も、「影響」の要求にますます圧迫されています。現在(二〇一〇年)の労働党政府は、人文学を含むすべての研究を科学分野の研究モデルをもとに再構築しました。研究は助成金を受けなくてはならず、研究者はたいていは政府機関から交付される資金を自ら探して獲得しなくてはなりま

(5) こうした変化のひとつは——一例にすぎないとはいえ——研究・教育評価が義務化され、教員の研究および教育の効果が(頁数や、教師がパワーポイントを使っているかなど)機械的に測られるようになったことである。さらにたちが悪いことに、「影響《インパクト》」を持つ、つまり国の経済目標に貢献することを——かつては暗黙裡にであったがいまでは明白に——研究は要請されている。

(6) かつてのスコットランドは四年制の学部教育を行なっており、その最初の一年は一般教養にあてられていた。スコットランドの大学の一般教養への取り組みは十九世紀においても有名で、ジョン・スチュワート・ミルはセントアンドリュース大学での就任公開講義のなかで、神学を中心とした、イングランドのより限定されたカリキュラムよりも、スコットランドの大学制度は民主的な市民精神の養成にふさわしいものだと賞賛している。しかしながら、EUのボローニャ計画によって課された高等教育の標準化にともない、スコットランドはヨーロッパの他の地域に——その逆ではなく——同化されることになった。

せん。これまで人文研究はこのような形で財政的に支えられたことはなく、安定した直接交付金を受けるのが伝統でした。人文研究はすぐに役に立つ具体的な発見をすることによってではなく、人類の生全体に貢献するものであると了解されていたからです。合衆国の人文系の教授は、標準的な契約下にあれば一定の研究休暇を得ることができます。その間、研究や出版に熱心に取り組んでいることを示すように求められるのがふつうですが、彼らがこうしたことを示す相手は、人文研究がどういうものであるかを理解している同僚の教員なのです。イギリスの人文研究者は、政府系機関へ助成金申請書を書き続けなくてはなりません。これには大変時間がかかりますし、助成金申請書を審査する政府系機関が「影響」を求め、人文的な概念に深い疑念を抱きがちなため、研究主題もひどく歪められることになります(この点に関してはイギリスがもっとも極端だというわけでもありません。ヨーロッパのいくつかの地域では、自分のところの大学院生を支援する奨学金にも申請が必要です――合衆国や他の多くの国では、非理科系分野の大学院生のための資金は、学部と大学の運営部門とのあいだの標準的な合意に基づいて支給されています。したがって学生は、最初からある教授の「研究チーム」に配属されることなく、自由に自らの教育を追求できるのです)。最近統合されたある哲学・政治学部に属する若い冷笑的な哲学者は、もっとも最近に書いた助成金申請書が制限語数を六語下回っていたので、単なる哲学を扱っているのではないことを役人に念押しするかのように「経験的」という語を六回加えてみたところ、申請が認められた、と私に言っていました。

こうした有害な風潮は最近、労働党政府が提案した「研究卓越性枠組み」と呼ばれる研究評価の新しいシステムに定式化されてしまいました。この新しいガイドラインによれば、研究計画を評価するにあたって、その二十五パーセントは研究の「影響」の査定によることになります。著名な歴史家のステファン・コリーニは、この計画が人文学にもたらすであろう影響についての痛烈な分析を「人文学への影響——研究者よ、いまこそ立場を表明せよ、さもなければセールスマンとして判断・評価されることになる」で提示しています(イギリスの高等教育はいまでは商業省の一角がその責任を担うようになっているが、こうした事態には失望させられる、と彼は書いています)。コリーニは、「「外部の研究使用者」数と一連の「影響指数」によって学問の質を部分的に判断できるという提案の馬鹿らしさが、私たちの耳にはもはや聞こえなくなっているのかもしれない」と述べ、研究をある種の商売とみなす安っぽい言辞に対して抗議が起こらないことを憂慮しています。人文学の学者は、自分たちの研究が「人間の営みをそのもっとも豊かで多様な局面において捉えた記録との出会いを集積したもの」であり、それゆえに価値があるのだと主張しなければならない、と彼は論じています。抗議の声を上げなければ、イギリスの人文学者は「市場向けになる一方の自らの「製品」の大衆向け版を売り歩く戸別訪問販売員になることに」ますます時間を取られることになるだろう、というのです。(7)

イギリスの人文学者は、問題の一端は助成金申請を査定する政府が人文的な価値に無関心なことにあり、ときには民間の財団のほうがましだと言います。しかし、助成金申請の制度は科学の分野では

(7) *Times Literary Supplement*, November 13, 2009, 18–19.

うまく機能するかもしれないが、人文学には不向きであり、その使命を堕落させる傾向にあると彼らは感じており、まったくそのとおりだと私も思います。したがって彼らは、力強い公共的な支援を持たない人文学の将来を危ぶんでいるのです。イギリスの事情は、現在のヨーロッパで進行している状況を如実に示しています。

インドでは、ずっと以前にネルーが国の将来の要として科学と経済学を重視したときから、人文学の軽視は始まっていました。ネルー自身は詩や文学を深く愛しており、彼の政治分析にはそうした精神が隅々にまで浸透しています。にもかかわらず、感情や想像による理解よりも科学のほうが重要であるとネルーは結論し、彼のこうした考え方が支配的になりました(8)。そのため、いくつかの人文学の分野はまったく存在しません。インドの大学には、比較宗教学や宗教史という科目がないのです。哲学といった他の分野は長いあいだ脆弱で、それゆえに貶められています。聡明な若者がそうした分野を専攻することは推奨されません。「哲学」は単に歴史的なだけで伝統的な宗教と結びついていると長いあいだ考えられてきたため、人気がありません。価値があるとされる研究領域は科学、工学、経済学であり、経験的な政治学もある程度の人気があります。

入学するための競争がもっとも厳しいのは工科・経営大学ですが、そこで提供されているのは(賢明にも導入された、必修の人文系の一般教養科目コースを除けば)技術系の教育だけです。私の大学に所属するインド系の著名な科学研究者は——彼自身インド工科大学で教育を受けたのですが——学生が職業に直結する技術の習得ばかりに専念し、自分独自の研究技術を学ぶことが奨励されていない点で、インド工科大学時代の経験を「脱教育」と形容していました。さらにはこうした専門化はずっと早い段階から始まっている、と彼は強調していました。インド工科大学への入学試験は全国レベルでの競争であるため、合格した学生はインド各地からやって来るのですが、そのほとんどは、よい職を得ることが教育の主要な目的であると考えるように育てられてきています。活動的で思慮深い市民となるべく物事を学ぶべきだという考えに、彼らは「一度も出会ったことがない」のです。すでに述べたように、そしてこの理科系の私の同僚も同じ意見ですが、人文系のコースが――実際学生はそれを楽しんでいるのですが――それ以外の教育の狭隘さを一時的に、そして部分的に是正してはいるものの、この大学の学生たちが一般的にどのような動機のもとに学んでいるかを考えれば、その影響はほとんど長続きしません。

タゴールの創設した、「全世界」と呼ばれた学際的な大学はどうでしょうか？　ヴィシュヴァ・バーラティは資金不足に陥り、政府に支援を仰ぎました。財政的支援の代償は独立性の喪失であり、ヴィシュヴァ・バーラティはその特色ある人文科目のカリキュラムを急速に失っていきました。いまでは、ややレベルが低いことを除けば、他と何ら変わりない大学になっています。

これは本書のテーマではありませんが、合衆国にいる私たちはここで少し立ち止まり、一般教養の

(８)　人文学に対するネルーの両義的な態度《アンビヴァレンス》については、Nussbaum, "Nehru, Religion, and the Humanities," in Wendy Doniger and Martha Nussbaum, *India: Implementing Pluralism and Democracy* (New York: Oxford University Press, forthcoming 2010)を参照のこと。

モデルと人文的な博愛精神の強い涵養を併せ持ち、基本的には民間からの寄付によって資金が賄われるようになっている私たちの伝統に感謝するべきかもしれません(ミシガン大学やカリフォルニア大学のように州のシステムが強いところでも、民間資金への依存が強まっています)。私たちが意図的に、そして賢明にこのシステムを選び取ったわけではないのですが、今日にいたる発展を遂げ、誰もがそれに頼れるのはありがたいことです。

たとえば私の大学では、私たちが行なっていることに少しも共感していない役人のところに恭しく赴く必要はありません。その代わり、私たちは裕福な卒業生のところに行きます。卒業後どのような道に進んだにせよ、彼らのほとんどが学部時代の一般教養教育を好意的に捉えているので、教育についての価値観は私たちとほぼ一致しています。彼らは知的な生活を愛し、他の人にもそれを楽しんでほしいと願っています。他の国が私たちの制度に到達するのは容易ではないでしょう。というのもこの制度は、教員が一人ひとりの学生に注意を傾ける、学部レベルでの広範な一般教養教育――人々が重んじ、未来の世代へ伝えていきたいと思っているものです――と慈善的な寄付に対する税制上の優遇措置、そして長い伝統のある博愛の文化に基づいているからです。他の国がそうしたいと思ったところで、このようなシステムを築くには何年もかかるでしょう(いまイギリスが試みていますが、どこまで努力が実を結ぶかは定かではありません)。我が国の政治家は他国と同様に人文学に対して友好的ではないことを思えば、合衆国の私たちはその幸運に感謝するべきです。

ただ、人文学の安全な砦のように見えるここでも気がかりな兆候はあります。ここシカゴ大学では最近、改定された「入学案内」に、きらめく実験室にいる学生はたくさん映っているのに、座って考えている学生の写真がないことが議論になりました。キャンパス見学ツアーも、人文学の学びの伝統的な砦は避け、医学、科学、職業前教育と関連する場所に的を絞るように指示されていたようです(9)。伝統的にカリキュラムの中核であった哲学や文学、歴史やその他の科目にあまり焦点を当てないほうが、学部生向けのプログラムはより魅力的に見えると考えている人物がいるようです。

したがって、世界の大学は優れた長所を持っているものの、深刻な問題を抱えてもいるわけです。なかにはいまだにきわめて優れた仕事をしている大学もあるものの、若者に市民精神を備えさせるべく、その持てる力を最大限に発揮しているとはとても言いがたいのです。

対照的に、子どもにとってもっとも重要である、いわゆる「幼稚園から第十二学年まで」の時期における市民精神のための訓練は、どの国においても貧弱です。グローバル市場の要求に押され、鍵となる唯一の能力としての科学や技術に習熟することが何よりも重視され、人文学や芸術は(インドであれアメリカ合衆国であれ)国の競争力を保つためには削減しても構わない無用の長物であるとますます見なされています。人文学や芸術が国民的な議論の対象となるときには、選択肢式の試験で量的に測定されるべき技術的な能力に読み替えられ、その核となる想像的・批判的能力はたいていの場合

(9) "Tour Guides Take Route Less Traveled," *Chicago Maroon*, October 16, 2009. 本文を「ようです」という表現にしたのは、*Maroon* 紙は学生新聞で、いつも完全に正確とは限らないためだが、提示されていたデータは説得力のあるものであった。

考慮されないのです。

合衆国では、（落ちこぼれ防止法による）全国テストが――全国テストとはたいていそういうものですが――状況をすでに悪化させています。批判的思考や共感的な想像力は、選択肢式の量的に測定する試験では計れませんし、世界的な市民精神に必要な技能もこのような方法ではうまく検査できないからです（標準化されたテストで世界史がどのように試験されるか考えてみてください。証拠を検証し、歴史的な語りを批判し、さまざまな語りのあいだの差異について批判的に考えることを学ぶといった、私がこれまで述べてきたことはみな除外するほかはないでしょう）。公立学校のクラスでますます支配的になっている「テストのための教育」は、受け身的な学生と機械的に教える教師という雰囲気を生み出します。最良の人文的な教育と学習の特徴である、創造性と個性を伸ばす余地はほとんどありません。試験が学校全体の将来を決めてしまうのであれば、試験に役立たないような教師と学生間のやり取りは締め出されてしまうでしょう。インドのように市場シェアの拡大を狙っている国でも、合衆国のように雇用を守るのに苦労している国でも、想像力や批判的能力は無用の長物に見えてしまいますし、人々はそうしたことをますます軽蔑するようにさえなっています。人文的な要素はカリキュラムから一律に廃止され、暗記学習という教育方法が幅を利かせています。

教育の内容も方法も問題であることに注意してください。カリキュラムの中身は、想像力を活発化させ批判的能力を訓練する教材から、試験対策に直結するものに重点が移っています。こうした教育内容の変化にともなって、探究心と個人の責任感を伸ばそうとする教育から、よい点数のための詰め込み教育へと実践方法も変化していますが、こちらのほうがはるかに深刻です。

落ちこぼれ防止法は現実的な問題に触発されたものです。私たちの学校には著しい不平等があり、他の子どもよりもはるかに教育機会に恵まれている子どもがいます。それでは、より平等な教育を促進するために全国テストは必要だとして、私が述べてきた理由から現在の全国テストの形式は採用しないとすれば、どうしたらいいのでしょうか？　質をきめ細かく検査する形式の全国テストを考案することは不可能ではありません。実際のところ、数年前の合衆国にはそのようなテストの土台となりうるものがありました。リチャード・ロススタインの『教育を採点する――正しい説明責任《アカウンタビリティ》を』は最近出版された、説明責任についての素晴らしい著作ですが、落ちこぼれ防止法よりもはるかに洗練された方法で、よき市民精神に必要な技能に特に焦点を当てながら、さまざまな認知や行動の結果を検証する、州および連邦レベルでの多層的なプログラムを提唱しています。[10] 思慮に富み説得力もあるこの本は、説明責任についての真に有益な国民的議論のための素晴らしい出発点を提供してくれています。

イギリスにおける大学レベルでの人文学の取り組みについては先ほど批判したばかりですが、高校ではイギリス人のほうが明らかに私たちよりもうまく学力検査を行なっているようです。[11] 高校時代に

(10) Rothstein, *Grading Education*. 一九五〇年代、一九六〇年代の全米学力調査に見られる、過去の評価モデルについては第六章を参照のこと。
(11) イギリスの評価システムの他の側面については、Rothstein, *Grading Education*, 第七章を参照のこと。

学生がさまざまな科目について受ける一般中等教育修了証《GCSE》(かつてのOレベル)試験およびAレベル試験は、論述形式で、複数の人間が読み、大学生のレポートと同じように採点されます。哲学は急速に人気が高まっている高校の科目のひとつですが、(たとえば有名な哲学者の人生や「教え」についての事実といったような)ひどい哲学もどきではなく、真にソクラテス的な哲学の能力、すなわち幅広い哲学の問題について批判的に分析し思考する能力が試験されている、と哲学者たちは考えているようです。他の分野でも同様に、質を見る野心的な試験が行なわれています。したがって、人文学的な価値を維持した良質な試験は可能なのです。もし優れた教師がクラスにおける学生の取り組みをいかに評価すべきかわかっているのであれば、工夫を凝らして試験でそうした評価の内容を測定することもできるはずです。唯一の問題は、この種の試験は標準化されたものよりもずっと高くつくことです。高い報酬を払ってでも多くの有能な採点者を募ることに、かなりの注意を払わなくてはならないわけですが、そのことについてはいまのところ誰も議論さえしたがらないようです。

　オバマ政権には現在の手法を変え、より豊かな教育観と、もし望むならば、より質を重視したテストを推進するチャンスがあります。オバマ大統領の個人的な価値観は、そのような変化を支持する方向に向かっているようです。彼は、ひとつの問題についてあらゆる立場の議論を聞いて精査しようとすることで有名ですし、「共感」というものにも深い関心を寄せ、アメリカ最高裁判所の判事のような要職にもそうした資質が望ましいと公言してもいます。彼が受けてきた教育自体がこれまで私が賞賛してきた特徴を備えており、批判的なものの考え方を知っており、世界のさまざまな状況について豊かな情報をもとに考え、さまざまな人間の苦境をしっかり想像できる能力――そしてその必然的結果なのですが、自分自身とその人生について深く考える能力――を何度となく示してきた人物を作り上げているのです。バラク・オバマの家庭がこうしたプロセスに大きく貢献してきたことはほぼ間違いがないでしょうが、彼が通った学校もその役割を果たしているはずです。彼が大学時代に、一般教養教育モデルを重視していることで有名な二つの学校に通っていたことを、私たちは知っています。優れた人文系カレッジであるオキシデンタル・カレッジと、学部の人文学のカリキュラムが包括的で、教え方も熱心かつ先進的なことで知られているコロンビア大学がそれです。

しかしながらオバマ大統領は、少なくともいまのところ、国の教育努力を一般教養に向ける改革や人文学を支持する姿勢を一切見せていません。彼が教育長官にアーン・ダンカンを選んだことには不信の念を覚えます。というのも、ダンカンがシカゴの公立学校の最高責任者だったときに、人文学と芸術の予算は急速に削られたからです。そして、落ちこぼれ防止法で始まったタイプの全国テストの重視を考え直すどころか、政権が逆にそれを強めようとしている兆候があります。大統領は教育についての演説のなかで、すべてのアメリカ人が「アメリカン・ドリーム」を追求できるようにすることの重要性について触れ、平等の問題を正しく強調しています。しかし、夢の追求には夢見る人間が必要です。別の選択肢について批判的に考え、野心的な――できることならば、個人のあるいは国家の豊かさのみならず、人間の尊厳や民主的な議論にも関わる――目標を想像できる、教育を受けた知性が必要なのです。

しかしオバマ大統領はいまのところ、こうした重要で大きな目標ではなく、個人の収入と国家の経済的発展を重視し、これら二つの目標に寄与するような教育が必要なのだと論じています。「アメリカでは経済の発展と教育の成功はつねに密接に関連してきた」と彼は主張します。教育についての新しい発想はそれがどれだけ——おそらくはこれら二つの目標に関連して——「機能するか」によって判断されなければならないというわけです。彼は子どもの教育に幼いうちから介入することを、「私たちはこうしたプログラムに一ドルを投資するにつき、生活保護費や健康保険費や犯罪の減少といった形でおよそ十ドルの見返りを得るのだ」と言って擁護しています。彼はこの長々しい演説のなかで、私が強調してきた民主的目標について一度も触れていません。さらに、彼が批判的思考について言及するのはたったの一度きりで、それも、ビジネス界が収益性のために必要とすることについて語るときなのです。私たちは「問題解決や批判的思考、企業精神や創造性といった二十一世紀的な能力を持っているかどうか」を測定する試験を開発する必要がある、と彼は言います。大部分が科学と工学への賞賛にあてられた演説における、人文学に対するこのたった一度の言及は、ビジネス発展のために必要な能力という限定的な役割を念頭に置いたうえでのものであることは明らかです。そして提案された評価方法は——落ちこぼれ防止法をさらに強化したものなのですが——この演説が人文学に触れた箇所は提案の中心ではないことを明らかに示しています。(12)

さらに問題なのは、オバマ大統領が極東の国々をくり返し賞賛していることです。彼の考えによれば、たとえばシンガポールは、工学および科学の教育において私たちのはるかに先を行っています。

こうした国々に対する彼の賛辞は不吉なものです。「彼らは大事なことを教えるのに多くの時間を費やし、そうでないことにはあまり時間を使っていない。彼らは私たちとは違って、学生たちに高校や大学のみならず、職業への準備もさせているのだ」。別の言い方をすれば、「大事なこと」とは「職業への準備となること」だと捉えられているのです。他者への敬意と関心を大切にする市民精神を備えた、有意義で豊かな生き方をすることは、時間をかける価値のある目標のなかのどこにも言及されていません。彼の演説のコンテクストを見れば、健全なデモクラシーに必要不可欠であると本書が擁護してきたことの多くが、「大事ではないこと」に含まれてしまうという結論になりかねません。(13)

合衆国の公教育の制度には著しい不平等があります。全国テストがこの問題の解決策となると考えたくなる誘惑に駆られはします。しかし機会の不平等の問題は、市民精神のための刺激ある教育や適切な準備の機会が、どの子どもにも与えられないことを実質的に保証してしまうようなテストによっては解決されません。

インドはどうでしょうか？　インドでは大学レベルで人文学的な内容が軽視されていることについてはすでに触れました。ほぼ同じことが、支配的な社会規範と国内の風潮に強く影響される小学校と中等学校にも当てはまります。シャンティニケトンにあるタゴールの学校はまだ存続していますが、すでに見たように、芸術を重視しているために今日の時流からは大きく外れています。かつてはイン

(12) 教育についてのバラク・オバマの演説。*Wall Street Journal* blog, March 10, 2009.
(13) Ibid.

ド各地のもっとも才能ある学生たちが入学を強く志望していましたが――たとえばネルーの娘のインディラは、唯一本当に幸せだった学校時代をそこで送っています――いまでは問題児のための場所というレッテルを貼られており、親は子どもをそこへ行かせることを誇りに思ってはいません。このような学校は、インド工科大学の入学試験に合格させてくれるような準備を提供してくれないからです。一方、当の工科・経営大学では、学生に人文系の素養がないことを教員が嘆いています。

したがって人文学的な内容は――ただでさえその地位は不安定だったのですが――衰退しています。では教育方法についてはどうでしょうか？　国内のどこを見ても、暗記学習による教育が何十年にもわたって幅を利かせています。ある意味では、識字率の低い状態を脱すべく民衆に読み書きを広めようと努力している国が、反復練習を重視するあまり、探究心や証拠の精査や想像的な表現によって個々の学生の能力を高めることを後回しにしてしまうのは、驚くべきことではありません。植民地時代には暗記学習が支配的だったことを思い出せば、このような現状にはなおさら納得がいきます。タゴールが少しだけ通って早々とやめた学校は、どれもこの種の退屈な詰め込み教育を行なっており、この経験が何か違うものを作り出そうと彼を駆り立てることになりました。しかし、理解することと黙認することは違います。インド系のアメリカ人が、自分の子どもが通う学校で目にした長所と比べて、自らが受けてきた教育の無益さを嘆くのを私は何度も耳にしました。

したがって公立の学校では暗記学習が支配的です。また、さまざまな不正行為が横行しています。いくつかの州では、教師の長期無断欠勤の割合が二十パーセントにも達しています。[14]同じように子どもに害を与えているのが、悪名高い「個人指導」の習慣です。教師が授業料を取って放課後に金持ちの子どもの家庭教師をするのですが、この習慣のせいで、普段の学校での教育に熱が入らなくなってしまうのです。教師が改革を試みたり、子どもを鼓舞したりすることはほとんどありません。彼らの最大の望みは、子どもが全国テストでいい成績を取れるようにたくさんの事実を詰め込むことなのです。

皮肉なことに、このような悪習が支配的なのは、公立の小学校および中等学校――少なくとも学校に通えて、その結果しばらくして読み書きもできるようになったという意味ですでに学生が比較的幸運であり、重要な社会的地位につけるという期待が現実的なものになっている当の場所――においてなのです(国全体の識字率は女性で五十パーセント、男性でも六十五パーセントにとどまっているので、中等教育に進めるだけでも恵まれているわけです)。しかし社会の「底辺」では、より希望が持てそうなことがしばしば起こっています。農村部には非政府系機関の資金援助による識字率向上プログラムが数多く存在し、基本的な読み書きやその他の基本的な諸技能を教えています。私がよく知っているのは大人の女性や少女を対象とするものですが、このようなプログラムにはさまざまな種類があります。しかしその多くに共通しているのは、創意工夫と想像力です。働いている少女や大人の女性たちは、そこから何かを得ることができなければクラスには足を運びません。したがって教師たち

(14) *The Pratichi Education Report: The Delivery of Primary Education, a Study in West Bengal*, by the Pratichi Research Team, Kumar Rana, Abdur Rafique, Amrita Sengupta, with an introduction by Amartya Sen, no. 1 (2002) (Delhi: TLM Books, 2002)を参照のこと。

は、革新的で心優しく、実験的にならざるをえないわけです。彼らは絵やダンスや音楽を使います。生徒たちに村の権力構造を素描させてそれについて語らせ、あるいは、どうしたら小作人として自分たちが働いている地主たちからよりよい条件を引き出せるかについて考えさせます。教師の取り組みの熱意は女性たちにも伝わっています。こういったことは、政府に雇われている教師にはほとんどできません。

これらのプログラムは、芸術や人文学が置かれている寒々しい状況を改善するには、まず何よりも人的投資が必要だということを示しています。お金はあるに越したことはありませんが、献身的な人々の存在とこうしたプログラムへの力強い支援が何よりも重要なのです。

合衆国の私たちは、インドの公立学校に私たち自身の未来を見て取ることができます。子どもの知性を伸ばしながら、学校生活とそれ以外の日常生活のあいだのつながりに目を向けさせるような活動を無視し、「テストのための教育」の道を進み続けるならば、私たちの未来も似たようなものになってしまうでしょう。私たちの学校が急速かつ無謀にも、インド的な規範の方向に――遠ざかるどころか――向かっていることを私たちは深く懸念するべきなのです。

人々が民主的な自治を求めはじめた時代、要求の多いこの統治形態の下で活躍できるような学生を輩出すべく、世界各地の教育は改革されました。古今の知識に通じた洗練されたジェントルマンではなく、能動的かつ批判的で、思慮深くて思いやりがあり、敬意と理解に基づいて多くの異なった出自を持つ人々と意見を交換できる、平等な人間からなる共同体の一員が目指されたのです。ルソー、ペスタロッチ、フレーベル、オルコット、タゴールは多くの点で異なっていますが、過去の受動的な教育は国の将来にはほとんど役に立たず、市民の参加を前提とする制度を維持しようとするならば、個人の主体性についての新しい自覚と新しい批判的な自由が必要であるという点では意見が一致していました。

今日私たちはデモクラシーと自治が好ましいと依然として主張し、言論の自由、差異の尊重、他者への理解も好ましいものであると考えています。私たちはこうした価値観を口先では賞賛していますが、それらを次の世代に伝えて確実に存続させるためにすべきことについてはほとんど何も考えていません。私たちは富の追求に気を取られ、思慮深い市民ではなくて利益を生み出す有用な人間を育成することを、ますます学校に求めるようになっています。コスト削減の圧力に押され、健全な社会を維持するのにまさに必要不可欠な教育的努力を私たちは切り詰めてしまっているのです。

こうした風潮が続けばどういうことになるでしょうか？　技術的な訓練は受けているものの権威を批判することを知らない人々、利益を生み出す点では有用なものの想像力の鈍い人々だけからなる国になってしまいます。タゴールの言うところの魂の自殺が起こります。これほど恐ろしいことがあるでしょうか？　実際のところ、きわめて長期にわたってこの路線を推し進め、批判的思考ではなくて技術的な能力を公立学校においてひたすら重視してきたインドのグジャラート州を見れば、いかにして従順な技術者が殺人的な権力と結びつき、きわめて恐ろしい人種差別的、反民主的政策を実行するようになるかがはっきりわかります（二〇〇二年にヒンドゥー右翼の群衆が、学校で広められたプロパガンダ——たとえば、州の歴史の教科書ではヒトラーが英雄として描かれています——に煽動され、およそ二千人のムスリム市民を殺害しました。この集団虐殺的な襲撃は世界各地で非難され、宗教的憎悪をかき立てるキャンペーン全体を指揮していた州の首相に、合衆国がヴィザの発給を拒否する事態になりました）(15)。しかし、どうすればこうした路線を進むことを避けられるのでしょうか？

デモクラシーには理性と想像力という素晴らしい力があります。デモクラシーはまた、深刻な思考の過ちや偏狭さ、性急さやずさんさ、自己中心性や精神の狭量さを抱えがちでもあります。主としてグローバル市場の利益に基づく教育によってこうした欠点は拡大し、強欲による鈍感さと、技術的な訓練しか受けていないことに由来する従順さが生まれます。そうしたことによってデモクラシーそのものの命運が脅かされ、よき世界文化の創生も確実に妨げられてしまうでしょう。

もし私が信じるように、真の文明の衝突とは個人の精神内の衝突であり、そこでは欲望と自己中心性が敬意と愛に対立しているのであれば、あらゆる現代社会はその闘いに急速に敗れつつあります。暴力と非人間性につながる力は助長されているのに、平等と敬意に基づく文化につながる力は養成されていないからです。人文学と芸術が極めて重要であることを主張しなければ、それらは金にならないために衰退していくことでしょう。人文学と芸術は金儲けよりもはるかに大切なことを行なっているのです。生きる価値のある世界を、敬意と思いやりに値する独自の思考や感情を持った十全な人間として他人を見ることができる人々を、共感と理性に裏打ちされた議論によって恐怖と疑念を乗り越えることができる国々を、人文学と芸術は作り上げているのです。

(15) Nussbaum, *The Clash Within*, 特に第一章と第九章を参照のこと。

訳者あとがき

本書はMartha C. Nussbaum, *Not For Profit: Why Democracy Needs the Humanities* (Princeton: Princeton University Press, 2010)の全訳である。著者マーサ・ヌスバウムはアメリカの哲学者で、現在はシカゴ大学の教授である。その仕事は、古典学、哲学、法哲学、倫理学、フェミニズムと多岐に及び、現代のアメリカを代表する良心的知識人の一人であることは間違いない。これまでに数多くの著作を発表しており、その主著のいくつかはすでに日本語に訳されている。邦訳の刊行年順に示すと以下のとおりである。

『女性と人間開発――潜在能力アプローチ』(池本幸生、田口さつき、坪井ひろみ訳、岩波書店、二〇〇五年)
『感情と法――現代アメリカ社会の政治的リベラリズム』(河野哲也監訳、慶應義塾大学出版会、二〇一〇年)
『良心の自由――アメリカの宗教的平等の伝統』(河野哲也監訳、慶應義塾大学出版会、二〇一一年)
『正義のフロンティア――障碍者・外国人・動物という境界を越えて』(神島裕子訳、法政大学出版局、二〇一二年)

本書を読んで、この巨大な知性の一端に触れてみたいと思われた読者は、ぜひこれらの著作にも手を伸ばしていただきたい。

正直に白状すると、私にはヌスバウムがこれまで達成してきた仕事について紹介できるほどの知識はない。そんな人間が、グローバル化時代の世界における人文学《ヒューマニティーズ》の意義を語る書物を日本に紹介したいと思ったのには理由がある。

私は、二〇〇九年から岩波書店より刊行が始まったシリーズ「ヒューマニティーズ」の「文学」の巻を担当・執筆する機会を得た(『ヒューマニティーズ 文学』二〇一二年)。これは、「人文学」の意義を改めて問い直すという企図のもとに編まれたシリーズである。なぜいまそのようなことが試みられなければならないのか? その前提にあるのは、これまで大学における研究と教育の根幹をなし、重要な役割を果たしてきた哲学、歴史、文学などの学問が、グローバル化が進展するいま、いわば役に立たないものとして軽視されつつあるという危機的な状況である。むろん、大学教育に文学や哲学や歴史学が要らないなどと本気で思っている人などいないだろう(いるのかな?)。だが、国の発展というものを経済的側面にのみ焦点を当てて考えると、哲学や文学といった学問が経済成長に何か具体的な寄与をもたらしているようには見えない、と感じている人たちが多いのも確かだろう。

そのような人たちは次のように考えているのではないか? 人間は食べていかねばならないのだから、重要なのは国家およびそこに生きる国民の経済的な繁栄である。したがって大学には、国家、そして我が国の企業が、この世界市場での競争に打ち勝ち、生き残ることを可能にしてくれるグローバルな人材を育成する義務がある。そのために大学は、ビジネスや理科系の学問においては世界標準語となった英語を〈使える〉人材を養成すべく、実用的な英語教育に力を入れるべきだし、国の教育予算も、人文系の分野などよりは理科系の分野——それも基礎研究ではなくて、経済的な利益をもたらしうる技術革新にダイレクトに結びつく応用的な分野——に重点的に配分されるべきである……。

こうした経済成長至上主義的な風潮が支配的な時代にあって、どうすれば人文学が、そして文学などの文化的活動が、経済活動と同じくらい人間にとって必要不可欠で、本質的なものであるかを納得してもらえるのか？『ヒューマニティーズ 文学』の執筆を引き受けたもののなかなか書き進められず、何か手がかりはないかと人文学の意義について論じられた本を探しているときに、ヌスバウムが書いた本書に出会ったのである。

そして、これを読んで、なるほどと思った。そして自分が、経済成長を目指す思想と人文学的思想を完全に対置させて捉えていたことを痛感した。つまり、〈経済的なもの〉ではなくて〈文化的なもの〉を、というあまりに安直な二項対立に陥っていたのである。

しかし本書を読んでいただければわかるように、ヌスバウムによれば、経済成長と人文学は必ずしも対立するものではない。両者をともに追求することはおそらく可能であり、人文学は経済成長戦略の暴走を阻止するブレーキの役割を果たすという意味においても、我々にとってなくてはならぬものなのだ。

人文学的な教育によって特権的に獲得される二つの能力にヌスバウムは注目する。それが、ソクラテス的な議論に典型的な「批判的な思考能力」、そして文学や芸術を通じて養われる「共感の能力」である。批判的な思考とは、他者の議論を分析して、その論点や問題点を明確に洗い出すと同時に、そのような批判的な視点を自らにも向け、論理的に整合性のある議論を組み立てる能力である。また、他者の議論の内容やものの考え方・感じ方を理解するには、想像力と共感の力が必要である。当然のことであるが、他者の立場に我が身を置き、その視点から世界を眺めなければ、他者の気持ちには近づけないからである――絶対に入り込むことのできない他者の内面を透明にしてくれる文学作品を読むことの意味はこういうところにもある。そしてまた、他者の立場を想像するためには、他者の文化、社会、言語、宗教、ジェンダー、エスニシティといった背景について、偏見やステレオタイプに陥ることのない正確で詳細な知識が必要となってくる――世界史、地理、そして英語だけではなくさまざまな外国語を学ぶことの重要性が生じるゆえんである。

グローバル化によって、ビジネスの現場ではむろん日常生活においても、自らのものとはまったく異なる文化的・宗教的な出自を持つ人々と触れる機会が増えていることを考えれば、人文学が可能にする二つの能力、批判的思考能力と共感の能力が、グローバルな人材の養成に不可欠なことは明らかであろう。だが、もちろんグローバルな人材とは、経済成長を追求していけばおのずと誰もが幸福になると考えるような能天気な人間ではない。それは、本書でのヌスバウムの言葉を借りて言い直せば、「世界市民」――もはや一国だけでは解決が難しく、国際的な協力・連携を必要とするさまざまな問題について自ら考え、責任を持って真摯に行動する人間——なのである。このような世界市民こそが、ヌスバウムによれば、経済成長ばかりではなく、政治的自由や健康や教育といった分野での平等の拡大、つまりデモクラシーの発展をもたらす推進力となりうるのである。経済成長の盲目的な追求が必ずやもたらす社会の歪み、不平等や不正義に対する抵抗の根拠となるのが、人文学教育がもたらす批判的思考と共感の能力なのである。

だから我々はいま、ヌスバウムのように問うてみるべきなのだ。

経済的には繁栄しているものの、デモクラシーのない国に住みたいと思う人がいるだろうか?

本訳書は、ヌスバウムの原著を読んだ小野が、これまでに英語の小説を一緒に訳してきた小沢自然に協力を依頼する形で実現した。小沢はただちに原著を読み、共訳することを快諾してくれた。翻訳の分担は以下の通り。序文、謝辞、および第1章、第2章、第4章、第5章は、小野が、第3章、第6章、第7章は、小沢が担当し、おたがいの訳をかなりしつこくチェックしあいながら訳文の推敲を行なった。

本書のなかでヌスバウムは、インドの詩人タゴールの教育思想について多く語っている。その部分を翻訳する際、近代ベンガル文学の専門家である東京外国語大学特任講師の丹羽京子先生から数々の貴重なご助言を賜った。訳者のきわめて無知な質問にも懇切にお答えくださった丹羽先生に心より感謝いたします。

そして、『ヒューマニティーズ 文学』の担当をしてくださった岩波書店編集部の坂本政謙さんには、企画段階からずいぶんお世話になった。シリーズ「ヒューマニティーズ」の企画立案者である坂本さんは、デモクラシーの発展に人文学が果たす本質的な役割を論じた本書を翻訳紹介することの意義をただちに認め、万全のサポートをしてくださった。ありがとうございました。

本書は、経済成長戦略モデルに意義を認める人たちにとっても、それに深い違和感を覚えている人たちにとっても、示唆するところの多い〈有益な〉書物だと信じる。

二〇一三年七月二一日

訳者を代表して

小野正嗣

マーサ・C. ヌスバウム
シカゴ大学哲学科，神学校およびロースクール，法学・倫理学教授．

小沢自然
イギリス・エセックス大学大学院文学部博士課程修了．文学博士．現在，台湾・淡江大学外国語文学部英文学科准教授．

小野正嗣
東京大学大学院総合文化研究科博士課程満期退学．パリ第8大学文学博士．現在，早稲田大学文学学術院教授．作家．

経済成長がすべてか？
——デモクラシーが人文学を必要とする理由
マーサ・C. ヌスバウム

2013年9月4日　第1刷発行
2022年7月5日　第5刷発行

訳　者　小沢自然《おざわしぜん》　小野正嗣《おのまさつぐ》

発行者　坂本政謙

発行所　株式会社 岩波書店
〒101-8002 東京都千代田区一ツ橋 2-5-5
電話案内 03-5210-4000
https://www.iwanami.co.jp/

印刷・三秀舎　カバー・半七印刷　製本・牧製本

ISBN 978-4-00-022793-3　Printed in Japan

シリーズ 大学 全7巻

【編集委員】 広田照幸
吉田 文
小林傳司
上山隆大
濱中淳子
【編集協力】 白川優治

世界的変動に直面する
「大学」を論じる
初めてのシリーズ

第1巻 **グローバリゼーション，社会変動と大学**
吉田 文・広田照幸・松本三和夫・松繁寿和・鳥飼玖美子・土屋 俊

第2巻 **大衆化する大学——学生の多様化をどうみるか**
伊藤彰浩・濱中義隆・居神 浩・濱中淳子・八木 匡・苅谷剛彦

第3巻 **大学とコスト——誰がどう支えるのか**
阪本崇・丸山文裕・水田健輔・小林雅之・上山隆大・矢野眞和

第4巻 **研究する大学——何のための知識か**
菅 裕明・玉井克哉・加藤和人・塚原修一・野家啓一

第5巻 **教育する大学——何が求められているのか**
田中毎実・小方直幸・吉田文・後藤 昭・木村定雄・亀山俊朗・吉見俊哉

第6巻 **組織としての大学——役割や機能をどうみるか**
江原武一・小沢弘明・羽田貴史・南島和久・大場 淳・井上義和

第7巻 **対話の向こうの大学像**
松浦良充・小林信一・浦野光人・神田眞人 編集委員による討議

岩波書店刊
2022年7月現在